일본 선교의 그루터기

세움북스는 기독교 가치관으로 교회와 성도를 건강하게 세우는 바른 책을 만들어 갑니다.

일본 선교의 그루터기

일본 교회 목사가 들려주는 진짜 일본 교회 이야기

초판 1쇄 인쇄 2025년 10월 25일
초판 1쇄 발행 2025년 10월 30일

지은이 | 박청민
펴낸이 | 강인구

펴낸곳 | 세움북스
등 록 | 제2014-000144호
주 소 | 서울시 종로구 대학로 19 한국기독교회관 1010호
전 화 | 02-3144-3500
이메일 | holy-77@daum.net

디자인 | 참디자인

ISBN 979-11-93996-63-8 (03230)

* 이 책은 신저작권법에 의하여 국내에서 보호를 받는 저작물입니다.
  출판사의 협의 없는 무단 전재와 무단 복제를 엄격히 금합니다.
* 책값은 뒤표지에 있습니다.
* 잘못된 책은 교환하여 드립니다.

일본 선교의 그루터기

일본 교회 목사가 들려주는 진짜 일본 교회 이야기

박청민 지음

세움북스

추천사

박청민 선교사는 수영로교회가 믿음으로 파송한 선교사다. 일본인 아버지와 한국인 어머니 사이에서 태어나, 20대 일본 유학 시절 제자훈련을 통해 선교의 부르심을 받았고, 이후 일본에서 신학을 공부하며 복음 전도자로 준비되어 일본 선교의 길을 걷고 있다.

『일본 선교의 그루터기』는 선교지에서 흘린 눈물과 겪은 고통, 그리고 그 속에서 자라난 믿음의 고백을 담고 있다. 보이지 않는 영적 싸움 속에서 때로는 낙심하고 흔들리기도 했지만, 그는 하나님의 은혜로 다시 일어섰다. 기도 응답이 지연될 때나 감정에 휘둘릴 때조차 더 간절히 하나님을 찾았고, 그의 고통은 오히려 영적 성장을 이끄는 통로가 되었다. 무거운 돌 같은 현실 속에서도 결국 그는 "나는 나답게 산다"라는 고백에 이르게 된다.

이 책은 일본 선교의 현장을 보여 주는 동시에, 우리 모두의 신앙 여정에도 깊은 울림을 준다. 박청민 선교사의 삶과 고백을 통해, 독자들이 다시금 복음의 본질을 붙들고 각자의 자리에서 선교적 삶을 살아가길 소망한다.

• **강재모 목사** _ 수영로교회 선교국 총괄

18년 전, 선교사 박청민을 처음 만났다. 그는 그리스도의 사랑에 이끌려 일본 땅에 건너와 용서와 화해의 참의미를 경험했다. 그리고 평화의 왕이신 그리스도의 복음으로 한일 양국을 잇는 가교가 되도록 부르신 주님께 순종하여 선교사가 되었다. 현재 그는 후쿠오카 땅 일본인 교회에서 선교 목회 일선에 서 있다. 선교 현장(mission field)에 대해 막연히 통용되고 있는 고정 관념 및 자문화 중심적 태도는 선교하는 교회와 선교사들이 반드시 극복해야 할 문제다.

이 책은 그러한 선교 목회 제일선의 일상에서 복음으로 만나야 할 일본 사람들과 문화를 몸소 경험하면서 일본 선교에 대한 관점과 태도를 새롭게 세워 가는 과정을 담은 박청민의 감동적인 선교 기록이다. 이 책에서 우리는 매일 매 순간 '지금 그리고 여기(hic et nunc)'에 현존하시는 주님과 친밀히 동행하며 주님께 묻고 경청하면서, 깨닫고 배우며, 크고 작은 안팎의 시련을 극복하며 세워져 가는 그의 치열한 묵상을 대면하게 될 것이다.

본서는 일상에서 매 순간 하나님의 현존에 대한 묵상을 소중히 했던 17세기 프랑스 가르멜회 부활의 로랑(Laurent de la Résurrection)

의 묵상과도 같다. 본서를 읽는 동안 우리는 갈등과 고뇌와 깨달음과 감사와 기쁨으로 엮인 선교사의 삶을 추체험하면서, 그가 강조한 '그루터기'라는 표현에 고개를 끄덕이며 일본 선교에 대한 새로운 관점을 갖게 되리라 생각한다. 더불어 이 책은 일본 선교에 대한 최근 현황은 물론, 일본 역사와 문화와 문학에 대한 유용한 정보를 담고 있다. 따라서 복음 선교와 선교사의 삶, 그리고 일본 이해와 일본 선교에 관심을 갖는 분들에게 이 책을 적극 추천한다.

• **박창수 선교사** _ 선교사, 니가타 성서학원 전임 강사

이 책은 일본이라는 선교의 광야에서 씨를 뿌리고 뿌리가 내려 그루터기가 되어 온 이들의 이야기를 담은 책이다. 가깝고도 먼 나라인 일본은 분명 선교하기 어려운 나라다. 기독교 인구도 0.4% 정도뿐이라고 한다. 목회자도 줄고, 무목 교회도 1천 곳이 넘는다. 미래가 어두워 보인다. 그러나 하나님은 마른 뼈도 살리시고, 그 하나님의 나라는 적은 누룩으로도 온 덩이를 변화시킬 수 있는 위대한 나라이다. 따라서 그 일에 헌신해 온 수많은 사람들의 일화와 박청민 선교사의 고군분투 선교 이야기는 큰 도전이 된다.

지극히 개인적인 내면의 고백을 통해 선교사가 아닌 한 신자로서 자신을 하나님 앞에 세우는 이야기도 감동스럽다. 이 책을 읽으며 더욱 기도하게 된다. 다시 한번 부르신 자리에서 순종하는 것이 무엇인

지 배우게 된다. 바라기는, 이 책이 많은 한국 교회 성도들에게 읽혀 그루터기와 같은 일본 선교에 동참하고 기도하는 일이 왕성하게 일어나기를 바란다.

• **양영모 목사** _ 송파동교회 담임

저자는 일본 전문가이다. 저자의 글은 재미있어 술술 읽힌다. 실제적이며 깊은 성찰이 엿보인다. 일본에 오래 살면서 부지런히 살피고 연구한 결과이다. 저자는 탄생부터 두 민족 가운데 있었고, 지금 가족 생활도 그렇다. 따라서 독자들은 이 책을 통해 쉽게 얻을 수 없는 지식을 얻을 것이다. 깊은 통찰과 깨우침도 얻을 것이다. 일독을 적극 권한다.

• **유기남 목사** _ 알타이선교회 대표

일본 선교를 '그루터기(나무의 밑동)'에 비유한 것은 실로 탁월한 선택이 아닐 수 없다. 하나님의 선교가 일본이라는 땅에 심어져, 수백 년간의 '잘려 나감'에도 불구하고 여전히 끈질긴 맥을 이어 가고 있으니 말이다. 저자는 이 그루터기 위에 앉아 쉼과 고뇌를 반복한다. 그리고 선교사로서의 정체성, 사역 과정에서 겪는 내면적 갈등, 가족과의 관계, 교회적 역할 등 일본 선교사로서 직면하는 현실적 문제들에 대응하면서 서서히 그루터기와 동체가 된다. 일본에서 또 하나의 그루터기로 살아갈 예비 선교사들에게 이 책을 권하고 싶다.

• **이사야 선교사** _ CSL Mission 대표

이 책을 읽으며 10년이 넘는 시간 찬양을 통해 일본에 복음을 전해 왔던 시간을 돌아보게 되었다. 일본이라는 나라는 늘 변함없는 거리의 풍경처럼 사뭇 고요해 보인다. 하지만 간판도 없는 작은 라멘 가게 문을 열고 들어갔을 때 느껴지는 감정처럼, 속으로 깊이 들어갈수록 양파와 같이 자꾸만 새로운 모습들을 발견하게 된다. 일본인들을 점점 더 알아 갈수록 하나님께서 예비해 두신 보석 같은 사람들이라는 생각이 든다.

일본 선교의 가장 큰 키워드는 '용서'와 '복음'이 아닐까. 여전히 우리 안에 잡초 같은 뿌리가 남아 있지만, 복음으로 살아 내기 위해 발버둥 치며 달려가는 이 땅의 참된 그루터기 그리스도인들께 강력하게 추천하고 싶다. 예수님의 십자가를 바라보며 메말라 가는 땅에 사랑의 씨앗을 뿌리고 있는 박청민 선교사와 마리에 선교사 가정, 그리고 니시후쿠오카교회를 축복한다.

• **이윤화 선교사** _ 찬양 사역자, 블레싱 재팬

프롤로그

　일본 정부 관광청에 따르면, 2024년 일본을 방문한 외국인 관광객 수는 역대 최고인 3,686만 9,900명을 기록했으며, 이 중 한국인이 881만 7,800명으로 전체의 약 24%를 차지하여 외국인 관광객 중 가장 많은 것으로 나타났다. 이는 지리적 근접성, 저렴한 비용, 문화적 매력, 무비자 입국 등의 이점으로 한국인에게 가장 인기 있는 여행지이기 때문이라고 생각한다. 이렇게 한국인들이 일본에 큰 흥미와 관심을 갖고서 일본을 찾는다는 것은 일본 선교사로서 매우 기쁜 일이다. 하지만 일본 선교와 문화에 대한 정보나 자료가 부족한 현실이 좀 아쉽다. 또한 한일 간의 역사적 문제와 갈등이 대두될 때마다 일본에 대한 미움과 원망이 표출되고 있는 것도 안타까운 현실이다.

　이처럼 한국과 일본의 관계는 상황에 따라 변화하는 복잡한 특수성을 지니고 있으며, 무지와 오해, 불신이 쌓이면서 감정적인 대립이 격화되기도 한다. 이렇게 두 나라의 정세에 따라 달라지는 관계를 극복할 방법은 무엇일까? 필자는 그 해답이 십자가의 사랑과 용서에 있다고 믿는다. 그럼에도 불구하고 십자가의 사랑과 용서의 무게감은 그렇게 가볍지 않다.

필자는 현재 **후쿠오카(福岡)**에서 선교를 하고 있다. 후쿠오카에서도 늘 내 마음 한구석을 무겁게 하는 장소들이 몇 군데 있는데, 그중 첫 번째는 「서시」로 잘 알려진 시인 윤동주가 옥사한 '후쿠오카 형무소(현 구치소)'이다. 이곳은 후지사키(藤崎)역에서 강 하류로 이어지는 길을 따라 조금만 걸으면 닿을 수 있는 곳이다. 윤동주는 도쿄의 도지샤 대학에서 공부하던 중, 조선인 유학생들을 모아 독립을 선동했다는 이유로 치안유지법 위반 혐의의 징역 2년 형을 선고받았다. 이후 그는 후쿠오카 형무소로 이감되어 1945년 2월 16일에 생을 마감했다. 윤동주가 사망한 지 80년이 지났지만, 일본에는 시인 윤동주를 추모하는 "윤동주 시를 읽는 모임(尹東柱の詩を読む会)"이 있다. 이 모임은 소수의 일본인으로 이루어져 있으며, 매년 윤동주의 기일에 후쿠오카 형무소로 모여 그를 추모하고, 그의 시를 읽으며, 평화와 사랑의 메시지를 나누고 있다.

후쿠오카에는 또 다른 역사적인 장소인 **'구시다 신사(櫛田神社)'**도 있다. 이 신사는 하카타 캐널시티에서 도보로 갈 수 있는 곳으로서, 부와 장수를 기원하는 곳이다. 그러나 이곳에는 명성 황후를 시해한 칼이 보관되어 있다. 1895년 8월 20일, 무장한 일본 자객들이

후쿠오카 구치소 뒤편 공원. 이곳에서 '윤동주 시를 읽는 모임'을 갖는다.

'여우 사냥'이라는 이름으로 명성 황후를 시해하기 위해 경복궁에 난입했는데, 그때 사용된 칼이 바로 '히젠토'이다. 을미사변 당시 경복궁에 난입한 자객 중 한 명인 도오 가쓰아키(藤勝顯)가 1908년에 이 칼을 구시다 신사에 기증했다. 히젠토에는 "늙은 여우를 번개처럼 한 순간에 베었다(一瞬電光刺老狐)"라는 글귀가 새겨져 있다고 한다. 뿐만 아니라, 이 신사는 후쿠오카 최대 축제인 하카타기온 야마카사(博多祇園山笠)의 하이라이트인 오이야마(追山)가 출발하는 장소이기도 하다.

이처럼 필자의 마음을 무겁게 하는 역사적 장소들을 떠올릴 때마

다 여러 감정이 교차하곤 한다. 그때마다 잠잠히 예수님을 바라보며 스스로에게 질문하는 시간을 가진다. '사랑받은 자로서 사랑한다는 것은 무엇인가?', '용서받은 자로서 용서한다는 것은 무엇인가?' 문득 미우라 아야코(三浦綾子)의 소설 『양치는 언덕(ひつじが丘)』이 떠오른다.

이 소설의 배경은 일본 북쪽 지방인 홋카이도의 **삿포로**(札幌)와 **하코다테**(函館)이다. 목사의 딸로 자란 나오미는 고등학교를 졸업한 후, 화가이자 신문사에서 일하는 료이치를 알게 된다. 첫 만남에 매료된 나오미는 아버지의 반대를 무릅쓰고 료이치와 함께 하코다테로 도망가 결혼 생활을 시작한다. 그러나 료이치는 알코올 중독자였다. 게다가 여러 여자와 관계를 맺는 방탕한 삶을 살고 있었다. 결국 나오미는 이를 견디지 못하고 복잡한 심경으로 집에 돌아간다. 그녀가 살며시 문을 밀자, 조용히 문이 열렸다. 부모님은 돌아올 딸을 기다리며 집 문을 잠그지 않고 있었던 것이다. 아버지는 신발도 신지 않은 채 뛰어나와 돌아온 나오미를 맞이했다. 부모님의 따뜻한 사랑으로 나오미는 점차 회복되어 갔다.

한편 료이치는 방탕한 삶의 결과로 결핵에 걸려 건강이 악화되었다. 결국 절망적인 상태에서 나오미에게 용서를 구하게 되는데, 나오미는 처음에는 거부하려 했다. 하지만 "그래도 용서하라"라는 부모님의 설득에 결국 그를 받아들인다. 료이치는 자신이 나오미와 다른 이들에게 상처 준 것을 깊이 회개하며 나오미의 소중함을 깨닫고 예수님을 믿게 된다. 이후 그는 몸이 회복되면서 매일 그림을 그리기 시작했는데, 이는 나오미에게 크리스마스 선물로 주기 위함이었다. 그는 그림을 누구에게도 보여 주지 않고 천으로 덮어 둔다.

그러나 크리스마스 이브에 료이치의 옛 연인 테루코가 그를 불러낸다. 테루코는 료이치를 나오미에게서 빼앗아 자기 사람으로 만들기 위해 필사적으로 노력했지만, 회개한 료이치는 그녀에게서 술을 권유받거나 키스를 요구받아도 유혹에 굴하지 않고 나오미에게 돌아가려 한다. 그러나 테루코는 마지막 이별을 고하기 위해 료이치에게 수면제를 먹였고, 료이치는 집으로 돌아가던 중 쓰러져 눈길에서 동사하고 만다.

료이치의 장례식이 끝난 후, 나오미는 천으로 덮여 있던 그림을 보게 된다. 그림 속에는 십자가에 매달리신 예수 그리스도가 피를 흘리고 있었다. 그리고 그 아래에는 그리스도의 피를 맞으며 그를 바라보는 청년이 있었는데, 그 청년은 바로 료이치였다. 그는 주님의 참된 사랑과 용서를 체험하며 주님의 안에서 살기를 소망했던 것이다. 나오미는 그 그림을 보며 료이치를 진심으로 용서하게 된다.

사람이라면 누구나 사랑보다는 미움이, 이해보다는 오해가, 용서보다는 복수가 더 쉬운 것이 사실이다. 그러나 우리는 불완전한 존재로서, 누구도 잘못이나 실수 없이 살아갈 수 없다. 과연 우리 중에 용서가 필요하지 않을 만큼 완벽한 의인이 있을까? 용서는 상처를 준 사람에 대한 미움과 원망으로부터 자신을 해방시키므로, 용서의 가장 큰 수혜자는 결국 자신이다. 하나님은 우리의 죄를 용서하시기 위해 사랑하기로 결단하시고, 독생자 예수 그리스도를 십자가에 내어 주셨다. 주님의 은혜로 사랑받고 용서받은 우리에게 주님은 말씀하신다. 사랑이란 한두 번 용서하는 것이 아니라, 계속해서 용서하는 것이라고….

십자가의 사랑과 용서를 화려하게 드러내지 않더라도, 그 십자가를 묵묵히 짊어지고 가는 그리스도인들이 있다. 마치 초목이 베어진 뒤 덩그러니 자리한 '그루터기'처럼 말이다. 길을 걷다 보면 가끔 나무를 베고서 남은 밑동을 보게 된다. 비록 나무는 잘려 나갔지만, 땅속에 깊이 박힌 뿌리는 여전히 살아 있다. 그것이 바로 그루터기이다. 나무가 잘리면 끝이라고 생각하기 쉽지만, 남아 있는 그루터기에서 다시 싹이 돋는다. 이는 땅속 깊은 곳까지 내리고 있는 뿌리가 아직 살아 있기 때문이다.

우리는 겉으로 드러난 나무의 크기와 열매를 보고서 감탄하지만, 그것을 지탱하는 뿌리의 힘은 종종 간과한다. 아무리 크고 아름다운 나무라도 땅속 깊이 뿌리를 내리지 못하면, 잎과 열매는 결국 시들고 나무는 고사할 수밖에 없다. 성경은 그루터기에 대해 이렇게 말한다. "그중에 십 분의 일이 아직 남아 있을지라도 이것도 황폐하게 될 것이

베어진 뒤 남아 있는 나무 밑동, 그루터기

나, 밤나무와 상수리나무가 베임을 당하여도 그 그루터기는 남아 있는 것같이, 거룩한 씨가 이 땅의 그루터기니라 하시더라"(사 6:13). 이 그루터기는 환란 중에도 끝까지 견디는 신실한 그리스도인을 상징하며, 여전히 소망이 남아 있음을 보여 준다. 몸통이 베어지는 아픔을 겪었을지라도 깊이 박힌 뿌리가 있기 때문에, 그 나무는 다시 싹을 틔울 수 있는 것이다. 어쩌면 일본 선교도 이와 같지 않을까?

지금도 무명의 그리스도인들이 그루터기처럼 일본 선교의 터를 지키고 있다. 나는 이들을 '그루터기'라고 부르고 싶다. 그루터기는 상처 입은 자리에서도 생명이 굴하지 않고 다시 싹을 틔운다. 겉으로는 잘려 나간 흔적만 남아 있을지라도, 그 안에는 끈질긴 생명력이 숨 쉬고 있다. 그 싹은 비록 작고 연약해 보일지라도, 그 자리에서 뿌리를 내려서 새로운 생명력을 품고 있다. 언젠가는 눈부신 꽃을 피우기 위해, 아무도 보지 않는 곳에서도 묵묵히 그 자리를 지키고 있다. 비록 볼품없어 보일지라도, 이 '일본 선교의 그루터기'에 관한 이야기들을 당신과 함께 나누고 싶다.

목차

추천사 · 5
프롤로그 · 10

제1부 그루터기와 같은 일본 선교

1장 일본이라는 나라 · 24
다양함 속에 일치를 / 일본 속에서 이야기 / 질그릇에 담긴 보물 / 빛과 어둠의 양면성 / 일본 선교의 본질

2장 한일 선교의 징검다리 · 41
복음의 빚진 자들이 해야 할 일 _쓰다 센(津田仙) / 모든 수치는 나에게, 모든 영광은 하나님께 _노리마츠 마사야스(乘松雅休) / 철저히 약함 위에 서다 _가시와기 기엔(柏木義円) / 속죄적 구도자로 산 그리스도인 _사와 마사히코(澤正彦) / 네 십자가를 지고 나를 따르라 _오야마 레이지(尾山令仁)

3장 일본에서 선교한다는 것 · 56
비둘기의 순수함과 뱀의 지혜로움으로 / 일본 선교사는 늘 배우는 사람이다 / 영적 우월감으로 일본 선교를 하고 있진 않은가 / 주님! 아까맹키로 일본 선교 하께예 / 주님에 대한 소망의 눈이 열리게 하소서

4장 그루터기에 뿌린 땀과 눈물 · 69
사람은 쉬더라도 책은 쉬지 않는다 / 주님의 선한 능력으로 / 일본 선교라는 일을 시작하신 주님 / 잡초 뽑는 일에서 배우는 것 / 꽉 쥐고 있던 손을 펴는 순간부터

제2부 그루터기에 피어나는 싹

5장 일본 선교와 순종 · 82
순종의 바통을 이어받아서 / 주님이 이끄시는 대로 순종하는 삶 / 그리스도인의 또 다른 이름 / 사랑과 진실이라는 좁은 길로 / 순종의 걸음

6장 일본 선교와 인내 94
떨어지는 물방울이 돌을 뚫듯이 / 긴 호흡으로 길게 보자 / 중간에 포기하지 않는다면 / 포기하지 말고 계속하라 / 아무리 괴로워도 꿋꿋이 견딘다면 언젠가 길은 열린다

7장 일본 선교와 감사 · 108
행복의 문턱을 낮출 때 찾아오는 감사 / 매일의 감사가 밥이다 / 감사는 살아가는 힘이다 / 늦은 저녁이 되어서야 / 실패가 감사로 바뀌는 은혜가 있는 곳

8장 일본 선교와 관계 · 120
일본 선교는 만남과 관계의 연속이다 / 예수로 이어진 관계 / 영원한 생명의 빵이신 예수님 / 어떤 일이든지 처음은 있다 / 사랑의 빚을 진 자로서

제3부 그루터기의 시련과 아픔

9장 일본 선교의 몸부림 · 134
만약 내가 힘들지 않았다면 / 눈에 보이지 않는 영적 싸움 / 고통 중에 찾아온 영적 성장 / 주예! 이런 나를 불쌍히 여겨 주소서 / 무거운 돌과 고마운 돌

10장 일본 선교에 낙심될 때 · 146
기도 응답이 받지 못하는 이유 / 피곤하고 낙심한 내 영혼의 참된 위로 / 그 때 왜 욱하는 감정에 휘둘렸을까? / 낙심하기 쉬운 일본 선교를 감당할 수 있는 힘 / 나는 나답게 산다

11장 십자가의 용서와 회개 · 160
5개월 치 생활비 / 내 안의 가룟 유다 / 대수롭지 않게 생각했던 일들 / 딱딱하게 굳어진 내 마음 / 어떤 회의이든지 주님을 의식하자

12장 일본어 설교의 고뇌 · 171

작고 볼품없는 연못 / 말씀 앞에 우직하게 머문다 / 기도로 적셔지지 않는 설교 / 설교자의 고뇌 / 설교 원고에 얽매이는 은혜

제4부 깊이 뿌린내린 그루터기

13장 일본 선교사의 삶 · 184

나그네의 심정으로 산다는 것 / 일본 선교의 여정 속에서 / 편견과 오해는 무지와 무관심에서 비롯된다 / 일본 선교사의 삶과 죽음 / 저 천국에 이르는 기쁨의 길

14장 일본 선교사의 자녀 · 196

벚꽃이 흩날리는 유치원 입학식 / 천국은 어린아이들의 것이다 / 자녀의 건강한 삶을 위한 기도 / 아이들과 함께 드리는 예배 / 두려워하지 마! 그렇게 커 가는 거야!

15장 일본 선교사 부부 · 207

나는 이런 아내를 사랑한다 / 남편의 역할과 책임 / 서로가 긍휼히 여기는 마음으로 / 묵묵히 참고 있던 아내의 한마디 / 부부의 행복은 먼 곳에 있지 않다

16장 일본 선교사 가정 · 218

내가 니를 키운 게 아인기다 / 사랑, 깊은 심연에서 / 경단보다 꽃 / 아이로 인한 기쁨 / 글에 쉼표와 띄어쓰기가 필요하듯이

제5부 일본 선교의 그루터기

17장 일본 교회의 목회 · 230

현실의 벽이 버겁다고 여겨질 때 / 돈이 있으면 뭐든지 다 되느냐 / 일본 교회의 목회 핵심 / 밥은 먹었어? 같이 밥 먹으러 가자! / 올해의 한자

18장 일본 선교에 참여하는 사람들 · 242

아름답도다! 좋은 소식을 전하는 자들의 발이여 / 선한 일을 시작하신 주님 /

주님의 가족 / 검게 탄 숯불처럼 보이지만 / 크리스천이신가요? 우리도 크리스천이에요!

19장 소수의 그리스도인 · 255
주님 단 한마디뿐이라도 좋습니다 / 아름답게 피는 꽃의 지면에도 지렁이가 있다 / 십자가의 흔적 / 주님의 향기인 그리스도 씨 / 어두운 일본 선교에서 보는 빛

20장 예수님과 동행하는 일본 선교 · 268
변함없는 일관성과 신뢰 관계를 쌓는 것이 필요 / 일부러 불편하게 사는 삶의 은혜 / 늘 주님을 경외하는 마음으로 / 내 마음속의 잡초 / 첫 크리스마스 콘서트 선교 편지

에필로그 · 281

제1부

그루터기와 같은
일본 선교

1장
일본이라는 나라

| **다양함 속에 일치를** |

후쿠오카 근교에는 **이토시마**(糸島)라는 곳이 있다. 반도 지형으로 이루어진 작은 바닷가 마을인데, 후쿠오카 중심부에서 차로 약 30분 거리에 있다. 집에서 멀지 않은 곳이라, 아내와 함께 반나절 소박한 드라이브 코스로 이곳을 다녀왔다. 산과 바다, 논밭이 어우러진 풍경을 보면서 일본 마을의 정취를 만끽할 수 있었다. 그리고 레트로 감성의 빨간 버스와 카페, 야자나무 사이에 그네가 있는 포토 존(photozone)은 주변 자연과 조화를 이루며 독특한 매력이 느껴졌다. 특히 이토시마의 음식은 그곳에서 직접 재배한 농산물과 육류, 생선을 토대로 이토시마만의 색다른 맛을 내고 있었는데, 대표적으로 이토시마의 딸기로 만든 도라야키, 이토시마 앞바다에서 잡은 굴구이,

이토시마의 바닷물로 만든 소금 푸딩, 이토시마의 염소 우유, 이토시마의 천상의 달걀, 이토시마의 해산물 덮밥 등이 있다. 일본 속의 다양함을 새삼 경험하면서, 이토시마에서 생산된 식재료라는 본질을 바탕으로 다양한 맛을 내고 있는 음식들이 많다는 것을 깨달았다.

누군가 "본질에는 일치를, 비본질적 것에는 자유를, 모든 것에는 사랑을!"이라고 말했던가. 모두가 다양한 생각을 하고, 다양하게 느낀다. 원하는 것도 다양하다. 그런데 이러한 다양함을 강조하다 보면, 진실과 기준이 무너지고 분열과 갈등으로 관계가 금이 가는 경우도 많다. 다양함을 추구하더라도 본질적인 것에는 한 마음과 한 방향으로 모이면 얼마나 좋을까. 다양함 속에서 일치를 경험하는 곳이 바로 교회 공동체가 아닐까 하는 생각이 들었다.

현재 사역하는 작은 일본 교회에도 다양한 배경을 가진 사람들이 모여 있다. 각자의 직업과 재력, 생각과 성격이 모두 다르다. 오케스트라의 악기들이 한 지휘자 아래에서 조화를 이루듯이, 교회의 머리 되신 예수님의 뜻에 따르고 순종할 때 우리는 비로소 다양함 속의 일치를 경험할 수 있지 않을까. 다양함 속의 일치를 이루는 은혜를 우리 교회 안에서 경험하고 싶은 마음이 간절해졌다. 예수 그리스도 안에서 이 은혜를 경험할 때, 교회는 더욱 풍성하고 아름다운 공동체가 되리라 확신한다.

> 몸은 하나인데 많은 지체가 있고 몸의 지체가 많으나 한 몸임과 같이 그리스도도 그러하니라. 우리가 유대인이나 헬라인이나 종이나 자유인이나 다 한 성령으로 세례를 받아 한 몸이 되었고 또 다 한 성령을 마시게 하셨느니라 _고전 12:12-13

| 일본 속 이야기 |

일본은 어디를 가나 지역의 명소와 전통을 이야기하는 문화가 강하다. 그래서 일본의 대표적인 '3대 명소', '3대 절경', '3대 온천', '3대 명과', '3대 축제'와 같은 문구를 종종 볼 수 있다. 이 문구들은 여행자들에게 선택의 기준을 제시하고 각 지역의 매력을 부각하는 역할을 하는데, 이러한 일본 속 그들만의 이야기를 찾아보는 것도 꽤 재미있는 일이다. 일본의 사가현에는 **우레시노**(嬉野)라는 마을이 있다. 이곳은 옛날 전쟁에서 부상당한 병사들이 이 온천물에 몸을 담근 후 빠르게 치유되자 "우레시이(기쁘다, 즐겁다)"를 외쳤다는 설에서 지역명이 유래되었다고 한다. 그래서 우레시노 온천은 1,300년의 역사를 가진 '3대 미인 온천'으로 유명하다.

우레시노는 걸어서 한 시간 정도면 충분히 둘러볼 수 있을 만큼의 작은 마을이다. 거리 곳곳에는 온천 문화를 소개하는 기념비가 있고,

아기자기한 료칸과 소박한 기념품 가게들을 보면서 한적하고 고즈넉한 시골 분위기를 느낄 수 있다. 마을 중심에는 '시볼트'라는 공중목욕탕과 족욕탕이 있다. 이 공중목욕탕은 주황색 지붕과 뾰족하게 튀어나온 첨탑 때문에 쉽게 눈에 띈다.

시볼트 공중목욕탕

욕탕 내부는 두 개의 큰 욕탕으로 매우 단조롭지만, 욕탕 창문으로 비치는 따스한 햇살과 흐르는 우레시노 강을 바라보고 있으면 심신이 회복되는 느낌을 받는다. 문득 이곳을 '왜 시볼트라고 불렀을까?' 하는 궁금증이 생겼다. 알고 보니 독일의 의사, 프란츠 시볼트(Franz Siebold)의 이름에서 따온 것이었다. 그의 삶에 관한 이야기가 궁금해졌다.

프란츠 시볼트는 일본에 체류한 기간이 총 2회로 10년이 채 되지 않았다. 하지만 그 기간에 수집한 식물, 동물, 생활, 광물 등의 표본

을 바탕으로 『일본』, 『일본 식물지』, 『일본 동물지』 등의 저서를 집필했고, 유럽 각지의 일본 박물관 설립에도 기여했다고 한다. 1823년 8월, 27세의 시볼트는 일본에 와서 일본인 환자들을 진료하던 중, 16세 일본 소녀 타키(タキ)에게 첫눈에 반했다고 한다. 1829년 12월, 시볼트는 가족을 남겨 두고서 추방당하게 되었지만, 서로에 대한 깊은 애정이 담긴 연애편지를 주고받았다는데, 그 편지 내용을 읽어 보니 참 감동적이었다.

> 당신으로부터 세 통의 편지가 도착했습니다. 잘 지내고 계신다는 소식을 들으니 매우 기쁘네요. 편지를 받으니, 당신의 얼굴을 본 것 같아서 기분이 매우 좋습니다. 이 편지를 당신이라고 생각하며 매일 잊지 않겠습니다.[1]

우레시노 지역의 전통과 문화 속에 녹아 있는 그들의 사랑 이야기는 나에게 깊은 감동을 주었다. 시볼트 공중목욕탕을 통해 심신이 회복되는 것처럼, 성경 속에서도 물을 통한 치유가 자주 등장하기 때문이다. 엘리사는 나아만 장군이 요단강에 몸을 일곱 번 씻으라고 하여 나병에서 치유되었고, 예수님은 베데스다 연못에서 38년 된 병

---

1 "第3章 シーボルト事件と家族の絆", 長崎市公式観光サイト(travel nagasaki), https://www.at-nagasaki.jp/feature/Siebold_006_03.

자를 치유하셨다. 또, 민족과 문화의 차이를 넘어선 시볼트와 타키의 이야기처럼, 성경 속에서도 룻과 보아스 같은 사랑 이야기가 등장하기 때문이다. 예수님도 불의한 재판관 이야기, 선한 사마리아인의 이야기, 돌아온 탕자 이야기로 알기 쉽게 진리를 가르치셨다.

    일본 속 이야기를 성경 속 이야기와 연결하면서, 내 삶 속에서 예수님과 친밀하게 동행하는 이야기가 얼마나 중요한지 재차 깨닫게 되었다. 일본의 소박한 마을 이야기처럼, 내 삶 속에서도 예수님과의 단순하지만 친밀한 교제와 동행이 계속되길 기도한다.

> 예수께서 그들에게 항상 기도하고 낙심하지 말아야 할 것을 비유로 말씀하여 _눅 18:1

| **질그릇에 담긴 보물** |

    후쿠오카 시내에서 남서쪽으로 승용차로 약 1시간 20분을 이동하면 **이마리**(伊万里)라는 마을이 있다. 이마리는 도자기로 매우 유명한 곳인데, 도자기 마을답게 거리 곳곳에는 아름다운 도자기가 있다. 이마리 중심가에는 50년 이상 된 함박스테이크 가게가 있는데, 가게 내부는 오래된 다방 같은 분위기로, 100% 이마리 소로 만든 함박스

도자기 마을, 이마리(伊万里)

테이크가 참 맛있다. 거기서 샐러드와 스프, 함박스테이크를 먹고 있는데, 가게 주인이 나에게 샐러드 그릇은 약 120년 된 것이고 함박스테이크의 그릇은 약 300년 된 것이라고 설명해 주었다. 그 이야기를 듣고 나니, 샐러드와 함박스테이크의 맛이 새삼 다르게 느껴졌다. '같은 음식이라도 어떤 그릇에 담기느냐에 따라 맛과 의미가 정말로 달라질 수 있구나'라고 생각했다.

　이마리 도자기 마을에는 도자기를 굽던 가마와 굴뚝이 여전히 남아 있어 옛 도자기 마을의 고즈넉한 정취를 느낄 수 있다. 하지만 이곳은 임진왜란 때, 조선인 도공 이삼평과 그의 일행이 끌려와 아리타

(有田) 도자기의 시초를 만들었던 역사가 있다. 당시 아리타 마을을 다스리던 영주는 도자기의 높은 품질을 유지하고 기술 유출을 막기 위해 암벽을 깎아 출입을 어렵게 만들었다고 한다. 이삼평과 그의 일행은 낯선 땅에서 말도 통하지 않는 답답함과 외로움을 견디며 살아가지 않았을까? 도공들이 빚은 점토는 그렇게 높은 온도의 가마에서 구워져 하나의 그릇이나 도자기로 완성되었을 것이다. 이런 그릇들에는 단순히 형태를 넘어 그 안에 담긴 사연과 의미가 깃들어 있겠다는 생각이 들었다. "우리는 진흙이요 주는 토기장이시니 우리는 다 주의 손으로 지으신 것이니이다"(사 64:8)라는 말씀처럼, 주님께는 우리를 만드신 계획과 목적이 있다. 그렇게 우리의 삶을 이끄시는 주님의 은혜를 담는 그릇이 필요하지 않을까?

내가 이렇게 글을 남기는 것은, 어쩌면 주님의 은혜를 담아내는 그릇을 준비하는 과정이라는 생각이 든다. 아무리 거대한 폭포수가 쏟아진다 해도 그 물을 담을 그릇이 없다면 아무것도 담아낼 수 없듯이, 주님께서 주시는 은혜가 부족했던 것이 아니라 내가 그 은혜를 잘 담아내지 못한 것이 문제임을 깨닫는다. 주님의 은혜를 담아낼 수 있는 그릇을 잘 준비한다면, 주님의 음성이 아무리 세미한 소리처럼 실낱같이 임할지라도 잘 전달할 수 있지 않을까. 질그릇 같은 나 자신 안에 보화인 예수님께서 거하여 계신 것을 기억하고, 폭포수와 같은 주님의 은혜를 잘 담아낼 수 있길 기도한다.

> 우리가 이 보배를 질그릇에 가졌으니 이는 심히 큰 능력은 하나님께 있고 우리에게 있지 아니함을 알게 하려 함이라 _고후 4:7

| 빛과 어둠의 양면성 |

모든 곳에는 빛과 그림자가 공존한다. 태양이 세상에 빛을 비추는 순간은 일출이며, 그 빛을 거두면서 사라지는 순간은 일몰이다. 환한 대낮에도 모든 존재에는 어두운 그림자가 따라다닌다. 하지만 이른 새벽, 어둠과 추위 속에서 일용직에 나가는 길, 아내가 건넨 따뜻한 보온병과 핫팩을 통해 따스한 온기와 격려를 경험했다. 그래서일까? 늘 양면성에 관하여 생각해 보게 된다.

미국의 인류학자인 루스 베네딕트(Ruth Benedict)가 쓴 『국화와 칼』은 일본인의 양면성을 연구한 책이다. 이 책은 태평양 전쟁 당시, 일본인의 행동에 대한 의문에서 시작되었다. 일본인은 포로가 되는 것을 치욕으로 여겨 할복까지 하지만, 막상 포로가 되면 극도로 공손하고 협조적인 태도를 보였다. 미국은 태평양 전쟁이 끝나기 1년 전에 이러한 모순된 행동의 이유를 알기 위해서 루스 베네딕트에게 의뢰한 것이다. 하지만 그녀는 단 한 번도 일본에 방문하지 않았다. 대신 미국에 거주하던 일본인들과 일본에 대한 자료나 문서를 바탕으로 이 책을 저술했으며, 지금도 일본을 잘 이해할 수 있는 고전으로 평가받는다.

책 제목에서 알 수 있듯이 국화는 평화를, 칼은 전쟁을 상징한다. 평화를 사랑하면서도 전쟁을 추구하는 일본인의 양면성을 의미한다. 서로 양립할 수 없을 것 같은 이런 특성이 공존하게 된 원인에 대해 일본 특유의 보은, 의무, 의리, 수치심 등의 핵심 단어를 중심으로 설명했다. 책의 내용 중 가장 인상 깊은 부분이 있다. 모순적이라 할 만큼 일본인의 양면성에 대한 정확한 표현이라는 생각이 든다.

> 칼도 국화도 하나의 그림 속에서 공존하고 있다. 일본인은 싸움을 아주 좋아하면서도 유순하고, 군국주의적이면서도 탐미적이고, 무례하면서도 예의 바르고, 고집불통이면서도 융통성이 있으며, 외부에 순종적이면서도 그 자신이 주변으로 밀려나는 것에는 분개한다. 또한 충직하면서도 반항적이고, 용감하면서도 겁이 많으며, 보수적이면서도 새로운 것을 기꺼이 받아들이는 면을 가지고 있다. 그리고 그들은 자신의 행동을 남이 어떻게 생각할까 무척 신경을 쓰면서도, 다른 사람들이 자신의 행동을 보지 않을 때는 쉽사리 범죄의 유혹에 이끌린다.[2]

---

2   루스 베네딕트, 『국화와 칼』, 김승호 역 (서울: 책만드는집, 2007), 13.

일본인이 가장 많이 쓰는 일본어 표현에도 이러한 양면성이 드러난다. 예를 들어, 고맙다는 말의 "아리가토(有難う)"는 한자 그대로 '쉽지 않은 일'이라는 뜻인데, 상대방의 호의와 친절이 흔치 않은 귀한 일임을 의미한다. 반대로, 미안하다는 말의 "스미마셍(済みません)"은 한자 그대로 '아직 끝나지 않았다'라는 뜻이다. 이는 상대방에게 진 빚이 여전히 남아 있음을 의미한다. 그래서 일본인들은 상대방의 호의와 친절은 쉽지 않은 일이며 갚아야 할 채무가 있으니, 자신이 선행의 채무자가 되는 것을 무겁게 받아들인다. 이것이 일본의 빛과 어둠의 양면성이라고 생각한다.

나가사키의 **히라도**(平戸)라는 지역이 있다. 따뜻한 햇살 속에서, 히라도의 중심 시가지를 둘러보았다. 네덜란드 무역의 거점으로 활발한 교류가 있어서 여러 상점이 번영하고 있었다. 그리고 네덜란드 상관에 가기 전에 바닷가로 향한 석조 계단과 돌담, 우물이 자랑스럽게 놓여 있었다. 그곳에는 1502년 문을 연 '히라도 츠타야(蔦屋)'라는 곳이 있는데, 나가사키 카스텔라(castela)의 원조라고 불리는 '카스도스'를 처음 만든 곳으로서 히라도의 명소가 된 곳이다.

반면, 히라도의 중심 시가지 반대편에는 작은 시골 마을인 **네시코**(根獅子)가 있다. 그곳에는 키리스탄 박물관이 있는데, 에도 시대 신앙의 박해를 피해 숨어 지냈던 잠복 키리스탄에 관한 역사와 자료들이 전시되어 있다. 그들은 난도가미(欄塔加美)를 통해 일상 공간에서

성모 석상이나 족자, 의복과 종이를 숨겨서 신앙생활을 하고 있다. 이들은 매번 후미에(踏み絵)[3]를 해야 했고, 집에 돌아와서는 죄책감에 시달리며 채찍으로 자신의 몸을 때리기도 했다. 죽은 키리스탄의 장례식 때는 실 감개를 십자가 모양으로 몰래 올려놓기도 했고, 박물관 옆에는 처형당한 키리스탄의 가족을 매장했다는 우시와키의 숲(ウシワキの森)도 있다고 하는데, 내게는 어둡고 습한 곳에 묘비만 보일 뿐이었다.

무거운 마음으로 네시코의 주변을 둘러보았지만, 차도 사람도 보이지 않았다. 단지 작은 해안가에서 출렁이는 파도만이 보일 뿐이었다. 그 해안가에는 승천석(昇天石)이라는 작은 바위가 있었다. 많은 잠복 키리스탄들이 작은 바위에서 처형되었다고 전해지는데, 순교자들은 이 작은 바위로부터 천국으로 여행을 떠났을 거라 여겼다고 한다.

히라도의 중심 시가지는 빛과 같은 번영을 누려 왔지만, 그 반대편에는 어둠 속에서 신앙생활을 해 온 사람들이 있었다. 히라도라는 작은 땅에서 빛과 어둠이 함께 존재해 오고 있었지만, 이 모든 것이 주님의 섭리 안에서 일어난 일이었으리라 생각된다.

---

[3] 기독교도인가 아닌가를 식별하기 위해 그리스도 · 마리아 상 등이 새겨진 목조판 혹은 금속판을 밟게 한 일.

나는 빛도 짓고 어둠도 창조하며 나는 평안도 짓고 환난도 창조하나니 나는 여호와라 이 모든 일들을 행하는 자니라 하였노라 _사 45:7

| 일본 선교의 본질 |

빛이 강한 곳일수록 그림자가 선명하게 보인다. 빛의 강도에 비례해 진한 그림자가 존재한다. 역사적으로 중요한 인물에 대한 평가도 시대적 상황에 따라 크게 달라지고, 평가 기준이나 척도에 따라 보는 관점이 달라진다. 행복의 개념과 기준에 따라 행복 지수에 대한 국가별 전체 순위가 바뀐다는 이야기를 들은 적이 있다. 행복에 대한 느낌은 주관적이기 때문에 똑같은 상황이라도 어떤 사람은 행복하다고 느낄 수 있고, 또 어떤 사람은 불행하다고 느낄 수 있다. 어떤 부분에 초점을 맞춰 평가하는지에 따라 국가별 행복 지수도 달라진다.

행복의 본질은 무엇일까? 나는 본질에 대한 평가와 비판은 결코 표면적 사실이나 결과로 이루어져서는 안 된다고 생각한다. 단점은 외면하고서 장점만 부각하여 말하거나, 열매와 성과에 집중해서 본질을 왜곡하는 것은 올바른 태도가 아니기 때문이다. 그래서 많은 시간 인내하며 끊임없는 연구와 기록이 필요하다는 생각이 든다.

예전에 사가현의 **다케오**(武雄)라는 곳에 간 적이 있다. 이곳은 온

일본 소도시의 혁명이라고 불리는 다케오시 도서관의 외부

천으로 매우 유명한 곳이지만, 일본 소도시의 혁명이라고 불리는 매우 특별한 곳이 존재한다. 바로 다케오시 도서관이다. 인구 5만 명의 소도시에서 연간 100만 명이 이용을 하는 곳이다. 서울 삼성역 코엑스몰의 별마당 도서관을 만들 때, 이곳을 벤치마킹했다고 한다. 다케오시 도서관에 들어가서 보니 놀랍게도 스타벅스 카페가 있었다. 거기서 음료를 주문하니 진열된 책을 읽을 수 있었다. 보통 음료 반입이 금지된 일본 공공도서관의 폐쇄적인 분위기와는 전혀 달랐다.

밝은 갈색 디자인과 은은한 조명이 어우러진 분위기에 2층으로 넓게 펼쳐진 곡선 공간과 높은 책장이 보였다. 잔잔한 음악이 흐르

서울 코엑스의 별마당 도서관이 벤치마킹했다는 다케오시 도서관 내부

고 이곳저곳에 책을 읽거나 공부할 수 있는 공간도 있어 책을 마음껏 읽고 싶어졌다. 따뜻한 커피를 주문하고서, 도서관 내부를 둘러보며 사진을 찍었다. 하지만 도서관 내 스타벅스 카페는 여러 사람이 앉아 이야기하거나 돌아다니는 탓에 약간 어수선한 분위기였다. 조용히 책을 읽고 싶은 사람에게는 신경이 쓰일 수 있다는 생각이 들었다.

다케오시 도서관에는 꽤 많은 사람들이 방문한다. 그러나 그들이 책을 읽거나 도서 대출을 목적으로 온 사람들만은 아닐 것이다. 실제로 도서관 방문자 수는 증가했지만, 책 대출자 수는 줄었다고 한다. 보여 주기 위한 전시 위주의 책이 많다 보니, 대출을 위한 장서가 매우 부족해진 것이다. 그래서 다케오시 도서관의 이러한 변화에 대해 반감과 불만을 표시하는 시민들이 많아졌다고 한다. 도서관의 이용 목적이 책을 읽고 학습하는 것이라면, 그러한 사람들에게는 불편한 공간이 될 수도 있다. 도서관의 본질적 기능에 대한 비판적인 지적을 받고 있는 부분이다.

매년 일본 교회와 선교에 대한 통계나 자료를 살펴보면, 목회자와 성도들의 고령화, 무목 교회의 증가로 인해 교회 문을 닫는 경우도 많아지고, 신학교에 신입생이 없는 곳도 있다고 한다. 이런 상황의 원인과 근거, 다양한 자료들이 많아서 딱히 반박할 수가 없다. 여전히 일본의 복음화율이 1%를 넘지 못하고, 그리스도인의 비율도 약 0.4%이다. 그래서 이 부분은 끊임없이 비판을 받고 있는 실정이다.

하지만 누가 복음화율 1%라는 기준을 세웠고, 왜 그 복음화율 1%를 달성해야 하는지, 나는 잘 모르겠다. 오히려 우리가 잘 알지 못하는 신실한 무명의 그리스도인들이 많다는 사실에 주목해야 하지 않을까? 우리 가운데서 선한 일을 시작하신 분께서 예수 그리스도가 오시는 날까지 일본 선교를 이루시리라는 마음을 가지고서 인내하며 감당해야 하는 것이 아닐까? 나는 이것이 일본 선교의 본질을 말해 주는 것이라고 생각한다. 그래서 일본 선교사는 아무리 작고 볼품없는 사역이라도 그것에 관한 기록과 자료를 남겨야 할 책무가 있다. 이러한 기록이 이후에 어떠한 비판과 평가를 받게 될는지 모르지만,

기록되지 않은 것은 시간이 지나면 사라지기 마련이다. 나는 이 기록이 누군가의 일본 선교에 작은 도움이 되기를 바랄 뿐이다.

> 너희 안에서 착한 일을 시작하신 이가 그리스도 예수의 날까지 이루실 줄을 우리는 확신하노라 _빌 1:6

2장
한일 선교의 징검다리

| 복음의 빚진 자들이 해야 할 일 _ 쓰다 센(津田仙) |

우리가 예수님을 믿고서 그리스도인이 된 것은 누군가 우리에게 복음을 값없이 전해 주었기 때문이다. 따라서 우리는 모두 복음에 빚진 자들이다. 한국의 마케도니아인이라고 불리는 '이수정'이라는 인물이 있다. 1882년, 이수정은 일본의 근대적 법률과 농업을 배워 조선에 기여하겠다는 꿈을 품고서 일본에 갔다. 그곳에서 일본 농학의 권위자이자 그리스도인이었던 쓰다 센(津田仙) 박사를 만나 복음을 듣게 된다. 복음을 들은 이수정은 큰 감동을 받아 도쿄 로게츠쵸(霜月町)교회의 야스가와 토오루(安川亨) 목사에게서 세례를 받고 기독교로 개종한다. 그리스도인이 된 이수정은 이후 한국어로 성경을 번역하여 한민족에게 복음 전하는 것을 간절히 소망하게 된다.

이수정은 요코하마에서 마가복음을 한국어로 번역했고, 1885년 4월 5일 미국의 언더우드(Underwood)와 아펜젤러(Appenzeller) 선교사가 인천 제물포에 도착하기 전에 이 번역본을 조선에 가져왔다. 선교사들이 선교지에 입국하기 전, 성경이 자국어로 번역되었다는 것은 세계 기독교 역사상 유례를 찾아볼 수 없는 일이다. 이수정이 번역한 마가복음은 이후 한국 교회가 성경 중심의 신앙을 확립하는 데 중요한 토대가 되었다.

한국 기독교의 시작에 대해 말할 때, 미국의 언더우드와 아펜젤러 선교사에 관한 이야기는 우리에게 비교적 잘 알려져 있다. 하지만 이수정에게 복음을 전해 준 쓰다 센 박사, 그의 마가복음 번역을 도운 일본 교회, 그리고 일본 그리스도인들에 관한 이야기는 잘 알려져 있지 않다. 초기 조선 땅에 복음이 전해지기까지, 일본 교회와 일본 그리스도인들이 물심양면으로 기도하고 지원했었다는 점에서, 우리는 일본 교회와 일본 그리스도인들이 전해 준 복음에 빚을 진 사람들이다. 복음에 빚을 졌다는 말은 단순히 감사함을 넘어, 우리 역시 복음을 전할 책임과 강렬한 의무를 가진다는 뜻이다. 우리 중 값을 지불하고 복음을 받은 사람이 어디 있겠는가? 복음에 빚진 자들이 해야 할 일이 무엇인지 생각해 보게 된다.

2006년부터 한국과 일본은 3개월 무비자 입국이 가능해졌다. 그 후 많은 한국 교회에서 일본 선교를 하러 왔지만, 여전히 일본의 복음화율은 약 0.4%에 불과하다. 그리고 일본 OCC 무목 교회 사역에 따르면, 2018년 기준 일본 개신교 교회 약 7,700개 중에서 456개 교회가 목회자가 없는 무목 교회이며, 겸직 목회를 포함하면 그 수가 1,124곳이라고 한다. 이 통계는 일본 교회의 심각한 목회자 부족 현상을 잘 보여 주고 있다. 또한 일본인 목회자와 성도의 평균 연령은 약 70세에 이른다. 이런 현실을 보고서 많은 사람이 일본은 아무리 선교를 해도 열매가 맺지 않는 곳이라고 말한다. 특히 강제 징용, 위안부 문제, 야스쿠니 신사참배와 같은 역사적 문제와 갈등을 생각하면 일본 선교에 대한 마음조차 사라지게 된다고들 한다.

그러나 일본의 강압적인 제국주의와 신사참배 요구에 "아니요!"라고 저항했던 양심적인 일본 그리스도인이 있었다는 사실을 알고 있는가? 신사참배를 거부한 우치무라 간조(內村鑑三), 조선 침략을 공개적으로 반대했던 가시와기 기엔(柏木義円), 제국주의적 교육을 가르쳐 왔던 과거를 회개한 미우라 아야코(三浦綾子), 일제의 만행에 대해 사죄 운동을 펼쳤던 오야마 레이지(尾山令仁)가 있었다. 또한 동지사 대학을 설립해 한일의 목회자를 배출한 니지마 죠(新島襄), 일본 전역에 하나님의 나라 운동을 전개해 수많은 결신자를 맺게 한 가가와 도요히코(賀川豊彦)도 있었다.

이처럼 일본 그리스도인은 결코 열정이 없거나 능력이 부족하지 않다. 이들은 선교적으로 동역할 사람을 찾고 있다. 한국 그리스도인들에게 "이곳으로 건너와서 우리를 도우라"(행 16:9)라고 말한다. 그 도움은 과거에 우리가 복음에 빚진 사실을 상기하는 것이 아니겠는가? 누군가에게 빚을 졌다면 그 빚을 갚아야 한다는 강한 책무감이 생기기 마련이다. 복음을 다시 전해야 할 책임이 있다는 뜻이다. 그렇기에 나는 일본 선교를 포기하거나 소홀히 할 수 없다고 생각한다. 복음의 빚진 자들이여, 우리에게는 일본 선교를 도울 책무가 있다.

> **모든 수치는 나에게, 모든 영광은 하나님께!**
> _ 노리마쓰 마사야스(乘松雅休)

복음 선교의 길에는 통과해야 할 여러 시련과 고난이 있다. 나는 내 아이들을 세심하게 살피지 못했다. 둘째 딸은 아직 두 살이라 환경 변화에 대한 인식이 없었지만, 첫째 딸은 새로운 환경과 관계에 잘 적응하지 못했다. 원래 큰딸은 밝고 쾌활해서 처음 보는 사람에게도 낯가림이 없는 아이였는데, 후쿠오카로 이사 온 뒤부터 얼굴에 웃음이 사라지고 표정도 어두워졌다. 큰딸이 종종 유치원에 가기 싫다고 말하는데도, 나와 내 아내는 아이에게 처음 겪는 낯선 환경이니 시간이 지나면 괜찮아질 거라고 달래며 보냈다. 때로는 가기 싫다고 울며 떼쓰는 아이를 껴안아 억지로 버스에 태워서 보내고 나면, 마음이 정말로 무겁고 괴로웠다. 그리고 아이는 유치원에서 돌아오면 말수도 줄고 얼굴 표정도 굳어 있었다.

　이대로는 안 되겠다는 생각으로 아내와 상의한 끝에, 우리는 한동안 아이를 유치원에 보내지 않고 함께 지내기로 했다. 아이가 새로운 환경을 더 이상 두려운 곳으로 느끼지 않고, 힘들 때 곁에 가족이 있다는 것을 알게 해 주고 싶었다. 가족과 함께 산책을 하고, 음식을 만들어 먹으며 시간을 보내면서, 가까운 놀이공원이나 바닷가에도 함께 놀러 갔다. 이런 시간이 아이에게 새로운 환경에 대한 안정감과 힘이 되었다. 물론 이 때문에, 계획했던 선교 사역에 충분한 시간을 할애하지 못했다. 이른 새벽부터 일어나 그날 해야 할 일들을 마쳐야 하는 분주함과 피로감도 있었다. 하지만 이런 과정을 통해, 나는 나의 가장 소중한 사람을 내가 가장 소홀히 했다는 사실을 깨달았다.

　주님의 부름을 받은 선교사는 반드시 통과해야 할 시련과 고난이 있고, 죽음의 음침한 골짜기도 있다. 이러한 어려움에 직면하면 누구나 걱정과 근심, 두려움과 좌절감의 감정이 생긴다. 나 역시 가족과 건강 문제, 인간관계와 과중한 선교 사역 등으로 벅찰 때가 많다. 늘 내 마음에 무거운 돌덩이를 짊어지고 가는 것 같아 힘이 들기도 하다. 하지만 그럴 때면 떠오르는 한 선교사가 있다.

　일본인 최초의 선교사 **노리마쓰 마사야스**(乘松雅休)인데, 그의 선교지는 바로 조선 땅이었다. 그는 명성 황후가 일본 낭인들에게서 피살된 을미사변에 충격을 받아, 자신이 일본인으로서 조선에 저지른 만행에 대해 속죄하는 마음으로 예수님의 복음을 전하겠다고 결심했다. 그리고 1897년, 그는 "모든 수치는 나에게, 모든 영광은 하나님께!"라는 믿음으로 조선에 건너가 복음을 전하기 시작했다. 그의 사역은 초라하고 가난했다. 조선 곳곳을 돌아다니며 복음을 전하던 그는 때로 아내의 머리카락을 잘라 마련한 쌀로 교인들을 대접하곤 했다. 그 정도로 가난했지만, 그의 섬김과 헌신은 많은 조선인을 감화시켰다. 그 결과 조선인 헌신자들이 생겨났고, 그의 사역은 조선 땅에 복음의 씨앗을 뿌리는 데 크게 기여했다. 하지만 그는 아내와 함께 병(폐렴과 결핵)으로 생을 마감했다. 그의 죽음은 가난이나 빈곤과 관계가 있었을 것이다. 동신회(同信会)의 성도이자 시인인 이열(李烈)의 시가 노리마쓰 선교사의 삶을 잘 나타내 주고 있다.

> 우리는 도요토미 히데요시의 일본을 미워합니다. 우리는 이토 히로부미의 일본을 미워합니다. 그들은 무력으로 우리나라를 짓밟고, 교활한 술책으로 우리 백성을 유혹했습니다. 그러나 그 이름 없는 이들의 일본을 사랑합니다. 그들은 어둠에 갇힌 우리나라에 참된 빛을 증거하기 위해 왔습니다. 절망의 밑바닥에서 한숨짓던 우리 백성에게 생명의 나라를 바라보게 했습니다. 한복을 입고, 한국어를 말하며, 초가집에서 우리 민족 가운데 가장 가난한 이들처럼 살면서, 우리나라를 자기 나라보다도, 자기 자녀들보다도 더 사랑했습니다. 단순한 전설 이야기가 아닙

니다. 그것은 역사적 사실입니다. … (중략) … 일본인이 남긴 것은 모두 흔적조차 사라졌거나 남아 있더라도 돌아보는 이가 없지만, 이 사랑의 사도가 오롯이 뿌린 씨앗은 이 나라의 신앙을 가진 형제자매들이 자랑스럽게 가꾸어 키워서 어느새 큰 나무로 성장했습니다.[4]

그가 뿌린 복음의 씨앗과 헌신은 한일 간 복음 선교의 징검다리가 되었고, 지금도 여전히 수원 동신교회로 맥을 이어 가고 있다. 노리마쓰 선교사의 삶을 되돌아보며, 주님께서 내게 맡겨 주신 선교 사역이 아무리 작고 볼품없어도 포기하지 말라고 격려하심을 느낀다. 잠잠히 그의 고백이 나의 고백이 되기를 기도한다.

"주여, 모든 수치는 나에게, 모든 영광은 하나님께 돌리게 하소서."

| 철저히 약함 위에 서다 _가시와기 기엔(柏木義円) |

일본 사회에서 다수의 의견과 다른 것을 주장하거나 자신만의 개성을 가지고 살아가기 위해서는 엄청난 용기가 필요하다. 모두가 함

---

[4] 中村敏, 『日韓の架け橋となったキリスト者』(いのちのことば社, 2015), 17-18.

께하는 분위기에 누군가 동조하지 않으면, 그 사람은 협조성이 없다고 비판받기 때문이다. 이것을 '동조 압력'이라고 부른다. 2020년 코로나19의 확산으로 일본 정부는 모든 국민에게 외출이나 영업 등을 자숙해 달라고 요청했다. 이러한 자숙은 법적 구속력이나 강제성이 없는, 어디까지나 자율에 맡기는 것으로 권고한 것이었다.

하지만 자율에 맡긴다는 권고와는 달리, 곳곳에서 코로나19 바이러스 감염을 예방한다며 암묵적 제재를 가하는 '자숙 경찰'들이 등장했다. 때로는 협박 전화, 익명 편지, 벽보 등을 통해 외출이나 영업 자제를 요구하며, 일본 정부의 지침과 요청이 제대로 지켜지고 있는지 감시하고 단속한 것이다. 이러한 자숙 경찰의 모습은 동조 압력이 강한 일본 문화를 반영하는 현상이다. 따라서 일본 사회의 동조 압력 속에서 한 명의 그리스도인으로 살아가기 위해서는 엄청난 용기와 희생이 필요하며, 일본 선교사도 이런 약한 자의 입장에 서서 십자가의 멍에를 함께 지고 살아가야 한다.

하지만 이러한 동조 압력의 분위기 속에서 다른 목소리를 낸 인물이 있는데, 바로 **가시와기 기엔(柏木義円)**이다. 나는 2020년에 "가시와기 기엔 연구회"에 가입하여 그의 연구와 관련된 일기를 접한 적이 있다. 그중에 『철저히 약함 위에 서다(徹底して弱さの上に立つ)』라는 책이 있는데, 그는 자신이 가진 약함과 미숙함을 숨기거나 부정하지 않았고, 오히려 이러한 약함이야말로 하나님의 능력이 드러나는 통로라고 보았다.

가시와기 기엔은 '비전쟁의 목사'로 불리며, 1910년 한일 합병과 조선 식민지 전도에 대해 강하게 비판한 사람이다. 그는 군마현의 안나카교회(安中教会)에서 약 38년간 목사로 사역하면서, '부국강병'이라는 슬로건 아래 근대화를 추진해 왔던 화려한 일본 사회의 이면에서 희생당하거나 소외된 사람들을 위해 마음을 다해 목회 활동을 펼쳤다. 당시 일본의 군국주의와 제국주의라는 동조 압력 속에서 스스로 병을 앓고, 아내와 아들을 잃는 슬픔도 겪으며, 자기 내면에 있는 연약함과 죄의 추악함을 마주하면서 몸부림치고 투쟁한 목사였다. 그의 일기에는 자신이 전한 메시지가 "힘이 없었다"라고 실망하며 고뇌 속에서 싸운 흔적이 남아 있다. 하지만 철저히 자신의 약함 위에 서서 동조 압력에 맞서 싸우는 그의 모습에서 큰 도전과 격려를 얻는다.

> 나에게 이르시기를 내 은혜가 네게 족하도다 이는 내 능력이 약한 데서 온전하여짐이라 하신지라 그러므로 도리어 크게 기뻐함으로 나의 여러 약한 것들에 대하여 자랑하리니 이는 그리스도의 능력이 내게 머물게 하려 함이라 _고후 12:9

속죄적 구도자로 산 그리스도인 _사와 마사히코(澤正彦)

지금 나의 삶은 수많은 선택의 결과라 할 수 있다. 하지만 가끔씩 '과거의 잘못과 실수를 되돌릴 수만 있으면 얼마나 좋을까'라는 생각을 해 본다. 그때 그러한 선택을 하지 않고, 다른 선택을 했었다면 지금의 삶은 어떻게 바뀌었을까? 하지만 이런 모습으로 사는 것도 주님의 은혜와 용서가 있었음에 감사할 따름이다. 오늘이라는 시간에 새로운 희망과 소망을 품는 것도 그리스도께서 십자가에서 이루신 용서와 사랑이 있었기 때문이다. 이러한 속죄의 은혜는 우리와 하나님과의 관계를 화해시켜 친밀한 교제를 나눌 수 있게 했다.

1965년에 한일기본조약이 체결되면서 외교, 경제, 민간 교류가 자유롭게 이루어지게 되었다. 하지만 반일 감정이 지배적이었던 당시에 한일 국교 정상화 이후 최초로 한국에 온 일본인 선교사가 있었는데, 바로 **사와 마사히코**(澤正彦)이다. 그는 도쿄대 법대를 졸업하고 연세대 신학대학원에서 공부하면서, 처음으로 일본 기독 교사를 한국 교회에 소개하고 한국 기독 교사를 일본 교회에 소개한 사람이기도 하다. 그는 수유리 송암교회의 협력 선교사로 사역했는데, 그의 한국에서의 생활과 사역은 『서울에서 온 편지(ソウルからの手紙)』에 기록되어 있다. 하지만 그는 너무 일찍, 뜻하지 않게 세상을 떠났는데, 그가 남긴 유고를 정리한 책으로 『미완 조선 기독 교사(未完 朝鮮キリスト

敎史)』가 있다.

내가 그의 존재를 알게 된 것은 2016년이었다. 석사 논문을 준비하면서 그가 집필한 한일 교회사의 연구 자료를 읽게 되었다. 그의 저서를 읽으면서 가장 인상 깊은 표현이 있었는데, 바로 '속죄적 구도자'라는 표현이었다. 그의 속죄적 구도자의 사관(史觀)은 한일 간의 장벽을 허물고 하나님의 사랑과 화해를 추구하자는 것이었다.

나는 그의 삶에 깊이 매료되어 늦은 밤까지 책을 읽었는데, 눈을 비비며 일어난 아내는 "밤늦은 시간까지 왜 안 자요?"라고 말하기도 했다. 좀처럼 잠이 오지 않았다. 비록 쉰 살도 안 된 나이에 눈을 감았음에도, 민족의 잘못과 실수를 속죄하고 싶은 그의 마음이 내게 전해졌기 때문이다. 일본이 과거 전쟁에서 저지른 여러 가지 잘못과 아시아 사람들에게 준 고통을 회개하며, 속죄적 구도자로 살고자 했던 그의 모습이 내 마음에 작은 울림이 되고 있던 것이다. 나 역시 속죄적 구도자의 삶의 바통(baton)을 이어받은 자로서, 내 삶을 통해 예수님의 작은 흔적을 남기며 살아가고 싶다.

> 곧 우리가 원수 되었을 때에 그의 아들의 죽으심으로 말미암아 하나님과 화목하게 되었은즉 화목하게 된 자로서는 더욱 그의 살아나심으로 말미암아 구원을 받을 것이니라 _롬 5:10

2018년 10월 13일에 오야마 레이지 목사님의 증언 집회

| 네 십자가를 지고 나를 따르라 _오야마 레이지(尾山令仁) |

2023년 5월 16일, 일본의 조선 식민 지배를 사과하고 회개 운동을 펼쳤던 **오야마 레이지**(尾山令仁) 목사가 눈을 감았다는 소식을 들었다. 당시 그의 나이 아흔여섯 살로, 일평생 선한 양심을 가지고서 십자가를 짊어지고 걸어간 그의 흔적들이 많이 남아 있다. 그는 와세다 대학에 다닐 때 일본 그리스도인 학생회(KGK)를 설립했고, 도쿄 신학학원을 졸업한 뒤 거리에서 개척 전도를 했다. 일본복음동맹

(JEA) 창립에 기여했으며, 현재 일본 복음파 교회에서 사용하는 『신개역 성경(新改訳聖書)』에서 출애굽기와 여호수아서 번역을 맡았다.

또한, 현대인이 쉽게 읽고 이해할 수 있도록 일상적인 일본어로 번역한 『현대어 성경(現代語聖書)』도 출판했다. 그 외에도 설교집을 비롯해 100권의 저서를 남겼으며, 93세 때부터 유튜브 채널 "룬룬 할아버지"를 개설해 세계 최고령 유튜버로 활동하기도 했다. 그의 삶은 마지막 순간까지 십자가의 복음을 위해서 치우침 없는 모습으로 많은 이들에게 도전과 감동을 주었다.

내가 오야마 레이지 목사를 처음 만난 것은 2018년 10월경, 도쿄 신주쿠에서 열린 증언 집회에서였다. 아흔 살이 넘은 노인이 강단에 서서 쉰 목소리로 증언했다. 약 20여 명이 모인 작은 집회였지만, 그의 진지한 표정과 간절한 목소리에는 진실함이 묻어났다. 그는 일본의 침략과 수탈, 신사 참배 강요에 대한 용서와 함께 제암리교회 학살 사건에 대한 사죄와 참회를 했다. 나중에 알고 보니, 오야마 목사는 1967년부터 일본의 양심적인 그리스도인들과 함께 사죄 운동을 전개해 왔다. 특히, 일제에 의해 집단 학살을 당한 제암리교회 재건을 위해서 1,000만 엔을 전달하는 등 피해 당사자들이 용서할 때까지 사죄하겠다는 마음으로 50여 년간 사죄 운동을 이어 왔다. 그의 사죄와 참회 속에서 가장 인상 깊은 고백이 있었다.

"일본 정부와 정치인들은 역사적 사실을 외면한 채 용서를 구하지 않습니다. 하지만 지난날의 잘못을 사죄하는 일본 그리스도인이 있다는 것을 한국 사람들이 기억해 주길 바랍니다."[5]

낮고 쉰 목소리였지만 내 마음에 깊은 울림이 있었다. 왜일까? 2019년에 오야마 목사는 한국의 어느 교회에서 "여러분이 '이젠 됐어요'라고 말씀하실 때까지, 일본의 과거 침탈에 대해 계속 사죄하겠습니다"라고 설교했다고 한다. 그러한 그의 고백은 어디에서든 반복되고 있었다.

하지만 한일 역사 문제로 인해 격앙된 반일 감정과 보도를 접할 때마다 내 마음은 무거워진다. 한국에 사는 일본인들과 일본에 사는 한국인들이 부당한 대우와 피해를 받지는 않을까, 조마조마하지 않을 수 없다. 일제 식민 지배로 인한 피해와 고통, 그리고 관련된 과거사 청산이 제대로 이루어지지 않는 이상 반일 감정은 뿌리 깊게 남아 있을 것이다.

그럼에도 불구하고 삶의 마지막까지 십자가를 지고서 회개와 용서를 구한 오야마 목사를 보며 일본에 대한 마음이 달라지는 것을 느낀다. 누구든지 그리스도의 십자가를 바라보면, 용서받은 자로서

---

5 2018년 10월 13일에 오야마 레이지 목사님의 증언 집회에 참석해서 직접 들은 이야기.

용서하고 사랑받은 자로서 사랑하라는 주님의 음성을 듣게 된다. 과연 내가 짊어져야 할 십자가는 무엇일까? 내 어깨에도 십자가의 흔적과 자국이 남아 있기를 간절히 소망한다.

> 이에 예수께서 제자들에게 이르시되 누구든지 나를 따라오려거든 자기를 부인하고 자기 십자가를 지고 나를 따를 것이니라 _마 16:24

3장
일본에서 선교한다는 것

| **비둘기의 순수함과 뱀의 지혜로움으로** |

일본에는 한국인이 들으면 입이 딱 벌어질 만큼 다양한 매뉴얼(manual)이 존재한다. 어떤 작은 행사나 모임, 회의에도 매뉴얼이 있으며, 이렇게 정해진 규칙을 잘 따르기만 하면 의사 결정에 시간을 낭비하지 않고 순조롭게 일을 진행할 수 있다. 무엇보다 상황에 따라 스스로 생각하고 판단해서 책임지는 일이 줄어든다. 보통 일본인은 상대가 책임질 일을 만드는 것은 물론이고, 자신이 책임질 일을 해서 상대방을 불편하게 하는 것 또한 폐를 끼치는 것으로 여긴다. 그래서 아무리 합리적이고 기대 이익이 커도 매뉴얼과 선례대로 일한다.

예를 들어, 일본에는 '국민 가방'이라 불릴 만큼 대부분의 초등학생들이 메고 다니는 '란도셀(ランドセル)'이라는 책가방이 있는데, 네

모난 건빵같이 생겨서 무겁기도 하고 가격도 꽤 비싸다. 결코 실용적인 책가방이 아니지만, 어떤 초등학생들은 란도셀을 메지 않았다는 이유로 이지메를 당하곤 한다. 변화에 민감하고 임기응변의 대응력이 뛰어난 한국인들은 너무 답답하게 느껴질 수도 있지만, 일본인들은 태어날 때부터 가정과 학교의 매뉴얼과 선례를 자연스럽게 익히고, 아무리 작고 사소한 일이라도 반드시 회의를 거쳐 매뉴얼과 선례를 만들어 간다. 1년 동안 내가 사용한 수첩을 보니, 수많은 연중행사와 일정, 사역도 이미 정해 놓은 것들이 대부분이었다. 일본 선교는 대부분 정해진 일정과 계획 속에서 움직인다.

일본은 지진, 해일, 태풍, 폭설, 화산 분출 등 자연재해가 많은 나라이다. 그래서 천재지변에 대처하기 위한 매뉴얼을 만들어 놓고서 실제로 피해가 일어나면 대부분 군대 조직처럼 움직인다. 그래서 지진으로 수많은 집이 무너지고 다리가 끊어지며 고속도로와 항만이 파괴되어도, 일본인들은 질서정연하게 대피하고 예상을 훨씬 뛰어넘는 빠른 속도로 재해를 복구해 낸다. 이는 일본인들이 매뉴얼대로 일사불란하게 대처하는 덕분이다. 하지만 동일본 대지진이나 후쿠시마 원전 사고, 코로나19 사태처럼 매뉴얼에 없는 재해가 발생했던 때의 일본인들은 적잖이 허둥대며 속수무책으로 당황해했다. 이는 여태껏 이러한 선례가 없었고, 어떻게 대처해야 할지에 대한 매뉴얼이 없었기 때문이다.

일본 사회는 매뉴얼과 같은 규범과 절차를 중요시하며 행동한다. 하지만 예상하지 못한 상황에서는 유연하게 대처하지 못하고 마냥 손 놓고 기다리는 경향이 있다. 힘들고 불편함을 겪으면서도 정부의 방침이 내려올 때까지 기다리는 것이다. 이런 상황에 대해 화를 잘 내지도 않고, 그 책임을 누구에게 묻지도 않는다. 그래서일까? 일본 선교는 이러한 한계와 제한 속에서 이루어진다. 예수님께서 이 세상에서 복음을 전할 때 왜 비둘기의 순수함과 뱀의 지혜로움을 요구하셨는지 생각해 보자. 일본 선교를 함에 있어 오래된 전통과 선례로 인한 답답함이 있을 것이다. 그러하기에 무엇보다 주님의 말씀과 성령의 인도하심을 믿고 지혜롭게 대처하는 것이 필요하다.

> 보라 내가 너희를 보냄이 양을 이리 가운데로 보냄과 같도다 그러므로 너희는 뱀 같이 지혜롭고 비둘기같이 순결하라 _마 10:16

| **일본 선교사는 배우는 사람이다** |

일본 선교의 시작은 1549년 8월 15일, 프란치스코 하비에르(Francis Xavier)가 가고시마에 첫발을 내디딘 순간부터라고 말한다. 하지만 일본을 통일한 도요토미 히데요시(豊臣秀吉)는 1587년에 '바

테렌(선교사) 추방령'을 내렸고, 1597년에는 여섯 명의 외국인 선교사를 포함해 26명의 신자를 나가사키에서 처형했다. 이후 실권을 장악한 도쿠가와 이에야스(德川家康)는 1614년에 금교령(禁教令)을 내리고서 기독교를 철저히 탄압했다.

그러나 1859년 미국 성공회 선교사 존 리긴스(John Liggins)와 채닝 무어 윌리엄스(Channing Moore Williams)가 나가사키에 도착하면서 제한적인 일본 선교가 재개되었다. 막부의 폐망과 근대화의 흐름 속에서 결국 1873년 2월 24일, 기독교 금지를 알리는 고찰이 제거되었다. 이는 바테렌 추방령이 있고서 286년 만의 일이었다. 그동안 일본 기독교는 철저히 짓밟히고 외면당해 왔으며, 현재도 일본 교회의 고령화와 목회자 부족으로 인해 선교의 불모지라고 볼 수 있다.

이런 일본 교회의 현실과 양적 측면만 바라보면서, 그들에게 배울 점이 없다고 쉽게 단정하는 사람들도 있고, 이런 선교의 불모지에서 어떻게 제대로 된 신학과 설교자가 나올 수 있겠냐고 말하는 사람들도 있다. 그러나 해방 이전의 일본이 외국어로 된 주석을 수십 권 번역·출판하는 동안 한국은 관련 서적이 단 한 권도 소개되지 않았다. 즉, 일본의 축적된 문헌과 신학의 깊이가 양적 측면에서는 빈약하다 할지라도 질적 측면에서는 배울 점이 아주 많다고 생각한다.

물론 초기 일본 개신교 주류가 엘리트 중심이다 보니, 교회가 복음 전도보다 지적인 측면에 치우친 면도 있다. 하지만 '제1차 다이쇼

부흥 운동'과 '제2차 쇼와 부흥 운동'을 보면, 일본 그리스도인들이 일본의 복음화를 얼마나 간절히 원했는지 알 수 있다. 실제로 내가 일본 선교 현장에서 만났던 일본 목사와 그리스도인들을 보면, 매우 순수하고 진지하며 전도에 대한 열정이 크다는 것을 확인할 수 있다.

지금도 믿음의 교제를 나누다 보면, 이들의 삶과 신앙의 모습에 고개가 절로 숙여지고 많은 것을 배운다. 일본 선교사라면 일본인에게 복음을 전하고 가르쳐 지키게 할 책무가 있는데, 나는 현재 일본에서 신학 공부와 선교에 관한 연구만 하고 있어 조금은 답답한 실정이다. 빨리 일본 선교 현장에서 치열하게 선교하고 싶지만, 하나님께서 그 문들을 막으신 것만 같다.

'언제까지 이렇게만 살아야 하나? 언제쯤 본격적으로 일본 선교를 할 수 있을까?'

일본에 온 지도 16년째, 일본에서 신학을 공부한 지도 벌써 8년째가 되었지만, 앞이 보이지 않는다. 일본 선교의 현실과 높은 장벽에 몇 번이고 마음이 무너지기도 한다. 물론 여태껏 배우고 준비했던 것들을 발휘하면서 적극적으로 일본 선교 현장에 뛰어들고 싶은 충동을 느낀 적도 있었다. 하지만 그때마다 주님은 나에게 힘써 배우라고 하시는 듯했다. 그 말씀에 순종하며, 오늘도 배우고 또 배운다. 어쩌면 일본 선교사는 늘 배우는 사람이지 않을까 하는 생각을 해 본다.

영적 우월감으로 일본 선교를 하고 있진 않은가

일본 근대화의 아버지라고 불리는 후쿠자와 유키치(福澤諭吉)는 1만 엔 지폐에 들어가 있는 인물이다. 그는 하급 무사로 태어나 불우한 유년 시절을 보냈지만, '종 노릇을 하더라도 반드시 성공해서 세상에 이름을 남기겠다'라는 결심을 하고서 오직 공부만이 그의 꿈을 이룰 수 있다고 생각하여, 베개를 베고 잔 기억이 없을 정도로 지독하게 공부했다고 한다. 결국 그는 도쿄에 어학교를 열고서 학생들을 가르쳤는데, 그 학교가 바로 현재 게이오 대학(慶應大学)의 전신이다.

그 후 그는 서양 문물을 일본에 소개하며 근대화와 개혁을 주장하면서 일본 근대화의 선봉에 섰다. 2·8 독립 선언의 초안자인 이광수는 "그가 일본에 복을 주기 위해 하늘이 내린 위인"이라 극찬했고, 그 외 한국 개화파 지식인에게도 많은 영향을 미쳤다. 그러나 발 빠르게 근대화에 성공한 일본은 일반 명사인 단어를 고유 명사로 만들어 일본의 특유성을 강조했다. 그 대표적인 단어가 '내지인(內地人)'과 '토인(土人)'이었는데,[6] 이 단어가 주는 이미지와 영향력은 엄청났다.

---

[6] 내지인이란, 식민지 사회에서 그 나라를 지배하는 사람을 이르는 말이며, 토인이란, 문명이 미치지 않는 곳에 토착하여 사는 사람을 낮잡아 이르는 말이다.

얼마 전에 "일본 역사와 동아시아 관계" 포럼에 참석하여, "토인의 탄생과 중층적 차별 구조의 내면화"라는 주제를 가지고서 한 홍이표 교수의 심도 깊은 연구와 강의를 들을 수 있었다. 홍이표 교수는 '토인'이라는 단어를 통해 식민지인에 대한 일본인의 차별 의식을 적나라하게 지적해 주었다. 물론 현재 '토인'은 방송 금지 단어로 지정되어 있다. 그러나 1903년 오사카 박람회에서 오키나와 여성을 전시했던 사진과 2016년 오사카 경찰관이 오키나와 사람에게 토인이라고 폭언했던 영상을 보면, 그 한 단어가 표현하는 차별과 동화의 모순된 일본 현실을 엿볼 수 있다. 홍 교수의 마지막 질문이 내 가슴 깊이 파고들었다.

"과연 한국인은 이런 차별 의식이 없을까요?"

온종일 이 질문을 곱씹으며 나 자신의 모습과 내면을 들여다보았다. 내가 이루었던 성공, 수준 높은 교육, 장학금, 상, 칭찬, 열정 등 이런 것들이 내 속에 영적 우월감으로 자리 잡고 있었다. 그뿐만 아니라 많은 열매를 맺으면서 성공한 일본 선교사로 평가받고 싶은 욕구도 있었다.

'혹시 영적 우월감으로 일본 선교를 하고 있진 않은가?'

나 자신의 모습을 주님께 솔직히 고백하며 회개했다. 누구나 자신의 지위와 영향력이 커질수록 우월감의 욕구도 커지는 것 같다. 허리띠를 졸라매고 억척스럽게 살아온 삶을 일일이 나열하며 자랑할 필요도 없다. 내가 지금까지 일본 선교를 할 수 있었던 것도 주님의 은혜가 있었기 때문이다. 이 은혜는 그리스도께서 십자가에서 당하신 죽음과 부활로써 이루신 것이다. 그러므로 일본에서 선교한다는 것은 예수님과 동행하는 은혜 속에서 이루어 가는 것이다.

> 그러나 내가 나 된 것은 하나님의 은혜로 된 것이니 내게 주신 그의 은혜가 헛되지 아니하여 내가 모든 사도보다 더 많이 수고하였으나 내가 한 것이 아니요 오직 나와 함께 하신 하나님의 은혜로라 _고전 15:10

| 주님! 아까맹키로 일본 선교 하께예 |

한국도 그렇듯, 일본도 각각의 지방마다 그 지역의 색깔을 나타내는 사투리가 있다. 그중에서도 오사카를 중심으로 한 간사이 지방의 사투리는 일본 내에서도 '제2의 일본어'라고 불린다. 그래서 도쿄를 중심으로 한 표준어와 간사이 사투리 모두를 능숙하게 구사할 수 있

는 사람은 2개 국어를 한다고 할 정도이다. 오사카 사람들은 농담을 좋아해서 친근함을 자주 표현한다. 그래서 대부분의 개그맨들은 오사카에서 개그와 사투리를 배우기도 한다. 나는 9년간 오사카에서 생활하면서 간사이 사투리에 친숙해졌다. 개인적으로 좋아하는 사투리는 "난데야넹!(何でやねん)"인데, '그게 뭐야!'라는 뜻으로, 상대방에게 딴죽을 걸거나 핀잔을 줄 때 사용하는 친근한 사투리이다. 경상도 사투리로 하면 "아까맹키로 해라!"로 번역될 것이다.

여름에 어느 교회 선교 팀이 왔을 때, 어느 성도가 "고마 아까맹키로 해라!"라고 말하는 것을 들었다. 내가 어릴 적에 들었던 경상도 사투리를 들으니 마음이 따뜻해지고 정겨웠다. 물론 경상도 사투리의 어감은 다소 투박하고 거친 말투였다. 하지만 부산에서 살았던 삶의

수영로교회 단기 선교 팀

추억, 그리고 정서까지 되살아나게 만들었다. 그리고 늦은 밤까지 음식 재료를 선별하고 준비하는 선교 팀의 모습과 고향 엄마의 손맛을 떠올리게 하는 한국 음식을 먹으면서 참 많은 힘과 위로를 얻었다.

    일본에 처음 오거나 관광차 방문하면 대부분 호기심이나 즐거움, 자유로움을 느낀다. 자유롭게 먹고 마시면서 평소 답답하고 억눌렸던 기분이 사라지기도 한다. 하지만 일본 선교사의 삶은 다르다. 많은 일본인이 자기 감정을 직접적으로 표현하지 않기 때문에, 일본 선교사는 그들이 어떻게 생각하고 느끼는지를 추측하고 읽어야 하는 입장에 있다. 또 서로 간의 충돌을 피하기 위해 자기 감정을 억제하면서, 예상치 못한 상황이나 어려운 상황에 직면할 때도 참고 견딤으로 조화로운 사회적 관계를 유지해야 한다. 일본에서는 이것이 각 사람에게 기대하는 예의이고 의무이며, 그렇게 할 때 성숙한 사람으로 여긴다.

    일본에서 생활하는 시간이 길어지면서, 이런 일본인의 삶과 문화를 몸에 완전히 익혀야겠다고 생각했다. 그러다 보니 남에게 폐를 끼치면 안 되고, 모든 일에 한 치의 흐트러짐 없이 정확하고 완벽해야 한다는 긴장감과 압박감에 숨이 막힐 때도 있었다. 그래서였을까? "아까맹키로 해라!"라는 말을 들으니 괜스레 마음이 참 따뜻해졌다.

    늘 자기 멋대로 까불고 장난치는 어린 나를 보고 엄마는 "아까맹키로 해라!"라고 혼냈던 적이 생각났다. 엄마가 방금 전에 가르쳐 준

것도 잘 잊어버렸기 때문이다. 지금 되돌아보면, 엄마의 아까맹키로 가르침은 내가 샛길로 빠지지 않도록 붙들어 주었다. 예수님은 내가 일본 선교를 길게 내다보며, 서두르거나 쉽게 포기하지 않도록 이렇게 나를 위로하고 격려하신다. 나도 주님께 다시 고백한다.

"주님, 아까맹키로 일본 선교 하께예!"

| 주님에 대한 소망의 눈이 열리게 하소서 |

일본 선교를 하다 보면, 어려움 중에 절망하는 사람들을 만날 때가 종종 있다. 하지만 내가 그분들에게 해 줄 수 있는 것은 거의 없다. 단지 그 답답하고 절망적인 형편에 대해 들어 주거나 주님에 대한 소망의 눈이 뜨이기를 기도할 뿐이다. 성경은 "내 형제들아 너희가 여러 가지 시험을 당하거든 온전히 기쁘게 여기라"(약 1:2)라고 가르치지만, 사실 이 말씀은 현실적 괴리감만 느껴지게 할 뿐이다. 아무리 작은 바늘이라도 피부를 찌르면 아프기 마련인데, 어찌 그것을 더 할 나위 없이 기쁨으로 여길 수 있단 말인가! 주님에 대한 소망의 눈이 열리는 것 외에는 답이 없다.

두 달 전, 집에 있던 세탁기가 갑자기 고장이 나서 탈수가 되지 않앗다. 도쿄 기독교 대학에서 공부할 때 선배에게서 받은 세탁기가 10년이 넘어 언젠가는 바꿀 생각을 하고 있었다. 하지만 조금 있으면 새로운 사역지로 이사를 할 예정이라 그때까지 버티며 지내자고 마음 먹었다. 대신 세탁 후에는 젖은 빨랫감을 손으로 쥐어짜야 했다. 날씨가 춥고 빨랫감이 많을 때는 손이 굉장히 시려서 마치 바늘로 찌르는 듯한 통증을 느꼈다. 옛날 세탁기가 없던 시절에는 시냇가에서 빨랫감을 방망이질하며 손으로 쥐어짜는 일을 했다고 하는데, 얼마나 힘들고 불편했을까! 최근 추운 날씨로 인해 빨랫감이 잘 마르지 않는 날이 많아져서, 밖에 있는 빨랫줄에 빨랫감을 하루 정도 걸어 두어도 반은 아직 젖은 상태에 있곤 했다. 집 안에서 옷을 말리다 보니 이곳저곳에 물이 떨어져 있어 신경이 많이 쓰였다. 괜히 짜증이 나고, 왜 하필 이럴 때 세탁기가 고장 났는지 점점 불만이 쌓여 갔다.

그러다가 얼마 전에 어느 일본 그리스도인이 우리 집에 찾아왔다. 자기 집에서 쓰지 않는 건조기를 가지고서 말이다. 자신들이 오랫동안 쓰지 않는 물건이지만, 제법 쓸 만한 제품이라 우리 집에 주면 좋겠다는 생각이 들어서 찾아왔다는 것이다. 정말 깜짝 놀라서 어안이 벙벙했다. 그동안 세탁기가 고장 난 것 때문에 너무 속상하고 힘들었는데, 하나님은 어떻게 우리의 필요를 이렇게 아시고 채워 주시는 것인지, 여러 생각과 감정이 교차했다.

이사를 하고 나서 새로운 세탁기를 사용하면, 아마도 이 일이 전혀 생각나지 않을 것이다. 몇 년 정도 시간이 지나고 나서 그날 그렇게 힘들어하고 속상해하던 것을 떠올려 이야기한다면, 절로 웃게 될 것이다. 어쩌면 우리가 고통스러워하고 절망하는 대부분의 일은 시간이 지나고 나면 전혀 다른 의미로 해석될지 모른다. 함께 계신 주님을 바라보는 눈이 열리면, 모든 일이 그렇게 될 것이다. 절망과 낙심이 많은 일본 선교를 할 때, 나에게 가장 필요한 것은 바로 주님에 대한 소망의 눈이 열리는 것임을 마음 깊이 새겨 본다.

> 기도하여 이르되 여호와여 원하건대 그의 눈을 열어서 보게 하옵소서 하니 여호와께서 그 청년의 눈을 여시매 그가 보니 불말과 불병거가 산에 가득하여 엘리사를 둘렀더라 _왕하 6:17

4장
그루터기에 뿌린 땀과 눈물

| **사람은 쉬더라도 책은 쉬지 않는다** |

프란치스코 하비에르에 의해 일본 선교가 시작되었을 때, 그는 일본 선교사는 토착 문화와 현지 언어에 능해야 한다고 강조하면서 현지 문화에 적응하는 토착적 선교 개념에 대해 기록했다. 프란치스코의 뒤를 이어 일본 선교의 책임자가 된 알레산드로 발리냐노(Alessandro Valignano)도 최초로 서양의 인쇄기를 일본에 도입하여, 1590년부터 본격적인 문서 선교를 시작할 수 있게 했다. 즉, 일본 선교에서 문서와 기록의 역할이 대단히 중요하다는 것을 알 수 있다.

이처럼 문서 선교는 선교사의 사역을 기록·보존하며 많은 사람에게 다양한 정보와 지식을 전달해 주는 중요한 일이다. 따라서 기록과 연구는 선교사의 책무이며 결코 소홀히 해서는 안 된다. 물론 자신의 선교 사역을 글로 표현하는 것은 많은 시간과 노력이 필요하다. 하지만 이런 수고와 인내는 후대에 좋은 지침서로 전해 줄 수 있다. 이전에 알타이 선교회의 유기남 대표가 해 준 말이 있는데, 그 말이 내게 문서 선교의 역할과 중요성을 깨우쳐 주었다.

"사람은 쉬더라도, 책은 쉬지 않는다."

코로나 팬데믹으로 인해 선교 사역과 활동에 제한이 많았던 때, 이 말이 자주 떠올랐다. 물론 어떤 사실을 연구하고 기록하는 것은 선교사 자기 입장과 시점을 많이 반영하기 때문에 조심스러운 부분도 있다. 하지만 한국과 일본의 징검다리가 되려는 그리스도인의 한 사람으로서, 문서 선교를 통해 어느 한 명이 일본 선교에 관심을 가진다면, 또 다른 누군가에게 일본 선교의 바통을 건네 준 것이기에 기쁘지 않을 수 없다. 사실 성경도 수많은 사람들이 기록한 주님의 복음과 선교에 관한 책이지 않은가! 성경 말씀을 통해 자기 죄를 회개하고 하나님을 믿게 되는 일들이 얼마나 많은가!

간사이 대학(関西大学)을 졸업 후, 직장 생활을 하면서 비즈니스 수첩을 사용한 적이 있다. 거기에 매일, 매주, 매월의 일정, 반성할 점과 개선할 점, 목표 등을 적었다. 한정된 시간과 에너지를 지혜롭게 활용해 좋은 성과를 내기 위해서였다. 사회생활에서 비즈니스 수첩을 어떻게 활용하느냐는 매우 중요한 일이었다. 하나님께서 우리에게 생명, 시간, 건강, 돈, 재능, 가족, 일 등 세상에 속한 많은 것들을 맡기셨기 때문이다.

하지만 실제 삶을 보면 말과 삶이 일치하지 않는 경우가 얼마나 많은가. 교회에 있는 나, 집에 있는 나, 직장에 있는 나, 학교에 있는 내가 일치하는가? 자신의 충동적인 욕망이나 욕심과 싸우려 하지 않고 유혹에 휘둘리는 사람에게는 어떠한 성장도 승리도 없다. 그래서 나 자신의 모순된 말과 삶, 마음과 행동, 교회 생활과 가정생활을 되돌아보며 개선해 가는 것이 필요하다.

나는 일본 선교에 대한 갈등과 고민, 좌절과 실망이 있더라도 나와 함께 계신 주님과 동행하는 흔적을 기록으로 남겨야겠다고 다짐했다. 그러다가 어느 분이 2021년에 출간한 내 저서, 『일본 선교의 징검다리』를 읽고서 메일을 보내 주신 적이 있다. 자신이 일본 선교 사명과 고민을 나누면서 상담을 하고 싶다는 것이었다. 전혀 알지 못하는 사람이었지만, 일본 선교에 관심이 있다고 하니 정말 기뻤고, 새삼 책과 문서의 힘을 깨닫게 되었다. 나중에 내가 나이가 들고 힘이 없어지더라도, 책은 쉬지 않고 일본 선교를 하겠다는 생각이 들었다.

저자의 첫 저서

내가 이미 얻었다 함도 아니요 온전히 이루었다 함도 아니라 오직 내가 그리스도 예수께 잡힌 바 된 그것을 잡으려고 달려가노라 _빌 3:12

| **주님의 선한 능력으로** |

2023년 3월, 신학 공부를 마치고 졸업했다. 그동안 신학 공부와 선교 활동을 병행하는 것은 쉬운 일이 아니었다. 여러 일정과 역할이 있다 보니 늘 시간에 쫓기며 바쁘게 지내고, 책임과 결과에 대한 부담감으로 인해 잠을 설친 적도 많았다. 때로는 경제적 압박으로 인해 어려움을 겪기도 했다. 하지만 지난날을 돌아보면 '많은 분의 기도와 섬김으로 여기까지 왔구나' 하는 생각이 든다. "빌립보 사람들아 너희도 알거니와 복음의 시초에 내가 마게도냐를 떠날 때에 주고받는 내 일에 참여한 교회가 너희 외에 아무도 없었느니라"(빌 4:15)라는 말씀처럼, 일본 선교는 결코 혼자서 할 수 있는 일이 아니며, 모국의 교회와 성도들이 서로 협력할 때 비로소 열매를 맺는다는 걸 경험했다.

같은 해 4월, 새로운 곳에서 선교를 하게 되었을 때, 모든 상황과 환경이 낯설고 어색했다. 30대의 대부분을 신학 공부에 시간을 보냈지만, 실제 선교 현장에 잘 적용하여 열매를 맺을 수 있을지 조금 막연하고 불안하기도 했고, 아내와 결혼하고서 자녀를 가진 이후에는 남편과 부모로서의 책임과 역할이 버겁기도 했다. 하나님의 부르심에 따라 일본 선교에 헌신했지만 가족들에게 안정된 삶을 제공하지 못해 늘 미안한 마음이었다. 물론 하나님께서 반드시 우리 가족을 보호하시고 인도해 주실 것이라고 믿었다. 아내와 자녀들이 주님의 도우심과 인도하심을 실제로 경험할 수 있을지 우려도 되었지만, 주님께서 공중의 새와 들판의 풀도 먹이시고 입히시는 것처럼 선교사의 여정도 마찬가지라는 것을 가족 모두가 경험할 수 있기를 간절히 기도했다.

지금까지의 삶의 여정도 그랬지만, 새로운 사역지로 향하는 내 마음이 왜 그렇게 불안했는지 모르겠다. 3년 전, 코로나로 인해 모든 것이 막연해서 마음이 불안했을 때 적었던 일기를 잠시 읽어 본다.

> 일본 나가노의 깊은 밤, 적막이 흐르는 어둠 속에서 온갖 고뇌와 번민이 찾아왔다. 마음속에 깜깜한 두려움이 번져 갈 때, 이 찬양으로 주님이 밝히신 작은 촛불을 보았다. 밝고 따뜻하게 타오르는 빛이 어두움을 몰아낸다. 주님의 선한 능력으로 보호받을 거라는 믿음으로 새날을 기대하게 한다. 주님이 예비하신 구원의 빛으로 하루 또 하루를 살아갈 것이다. 언젠가 누군가에게 그분이 주신 은혜와 감동을 나누고 싶다.
>
> 2020년 4월 17일

여전히 지금도 일본 선교 여정과 새로운 사역의 앞이 보이지 않는다. 하지만 주님의 선한 힘과 능력이 늘 나를 지켜 주고 있다는 것을 믿는다. 주와 함께 믿음으로 전진할 수 있기를 간절히 소망한다.

> 오직 너 하나님의 사람아 이것들을 피하고 의와 경건과 믿음과 사랑과 인내와 온유를 따르며 믿음의 선한 싸움을 싸우라 영생을 취하라 이를 위하여 네가 부르심을 받았고 많은 증인 앞에서 선한 증언을 하였도다 _딤후 6:11-12

| 일본 선교라는 착한 일을 시작하신 주님 |

매년 여름마다 어느 한국 교회 150명 이상의 청년들이 규슈 지역의 일본 교회에서 선교 활동을 한다. 나는 이 사역을 섬기면서 수많은 사람들이 일본 선교에 땀과 눈물을 뿌리고 있음을 본다. 젊은 청년들의 헌신적인 섬김과 봉사는 고령화되는 일본 교회와 시골 교회에 많은 격려와 용기가 되고 있다. 일본 교회도 한국에서 오는 젊은 청년들과 동역하기 위해 몇 달 동안 열심히 준비했다. 젊은 청년들이 일본 선교에 참여함으로써 교단과 교파를 넘어서는 선교 협력이 이루어졌다. 지역의 어린이 사역, 전단지 전도, 노방 전도, 잡초 뽑기, 건물 수리와 개조, 방송 설비 지원 등의 사역에 활기를 불어넣고 있다. 일본 교회와 성도로부터 따뜻한 섬김을 받으면서, 청년들은 일본과 한국의 관계에 대한 인식이 바뀌어 갔다. 그중에 일본 선교에 대해 비전을 품는 사람도 있었다. 국가, 민족, 언어의 담장은 높아 보였지만, 예수 그리스도로 인해 높은 담은 허물어졌고, 서로 동역할 수 있음을 재차 확인할 수 있었다.

나 역시 일본 목회자들에게 근황을 묻고 교제를 나누면서 일본 선교에 대한 그들의 비전과 열정을 배울 수 있었다. 나이 쉰이 넘어서도 일본에 5만 개의 교회가 설립되도록 선교 파트너십을 전개하고 있는 일본 목회자가 있으며, 예순이 넘어서도 노방 전도와 개척 교회를 준비하고 있는 일본 목회자도 있다. 일흔이 넘어서도 다음 세대를 섬기고 헌신자를 양성하는 데 노력하는 일본 목회자가 있으며, 여든이 넘어서도 규슈 지역에 복음주의 신학교가 설립되기를 기도하고 있는 일본 목회자도 있다. 각자가 주님의 위대한 일을 기대하며 주님을 위해 위대한 일을 시도하고 있었다. 눈에 보이는 성과나 열매가 없어도 각자의 부름과 사명에 성실하게 감당하고 있었다. 선교 사역에 대한 비전과 열정은 나이에 상관없으며, 조금씩 전진하고 있음을 본다.

물론, '왜 주님은 일본 선교에 대한 우리의 간절한 소망과 기도를 하루 속히 이루어 주지 않으실까?' 하는 생각이 들기도 한다. 일본인들이 많이 전도되고 일본 교회가 빠르게 성장해 나가면 얼마나 기쁘겠는가? 묵묵히 선교 사역을 하는 분들에게도 용기가 생기지 않겠는가? 하지만 대부분의 선교 사역 뒤에는 열매가 보이지 않고 텅 빈 그루터기만이 남아 있다. 이는 정말로 안타까운 현실이다.

그러나 또 다른 누군가는 그 그루터기 위에 땀과 눈물을 쏟아 놓는다. 그럼에도 불구하고 밑 빠진 독에 물 붓는 듯한 일본 선교에 헌신하고자 하는 사람들이 있다. 비록 일본 선교의 현실은 '그루터기'처럼 보이지만, 그 안을 자세히 들여다보면 작고 연약한 싹이 서서히 자라나고 있음을 볼 수 있다. 우리 가운데서 일본 선교라는 착한 일을 시작하신 주님께서, 그리스도가 오시는 날까지 이루시지 않겠는가. 이러한 믿음으로 오늘도 땀과 눈물로 복음의 씨앗을 뿌린다.

> 눈물을 흘리며 씨를 뿌리는 자는 기쁨으로 거두리로다 울며 씨를 뿌리러 나가는 자는 반드시 기쁨으로 그 곡식 단을 가지고 돌아오리로다 _시 126:5-6

| 잡초 뽑는 일에서 배우는 것 |

일본의 식물학자이자 잡초 연구가인 이나가키 히데히로(稲垣栄洋)가 쓴 『잡초라는 전략(雑草という戦略)』에 따르면, 강인해 보이는 잡

초도 실제로는 연약하다고 한다. 잡초는 연약해서 강한 식물이 자라는 곳에서는 경쟁하지 않으며, 단지 쉬고 잠자는 것에 집중한다는 것이다. 왜냐하면 잡초는 쉬고 자면서 수분과 양분을 흡수하고 저장하여 번식하려고 하기 때문이다. 그래서 잡초는 밟히거나 잘려도 오뚜기처럼 다시 일어나기보다는 그냥 누워 있다. 밟힌 잡초는 다시 일어나기 위해 에너지를 소모하는 대신, 옆으로 자라거나 줄기를 짧게 만들거나 땅속에 뿌리를 뻗는 등 다양한 방식으로 꽃을 피우려고 한다. 이렇게 잡초는 강인한 생명력을 가지고 있다.

날씨가 점점 더워지면서 교회당 주변에 잡초가 무성히 자라고 있다. 잡초 주위에는 온갖 벌레나 곤충들이 서식해 종종 집 안에 들어와 곤혹스러운 상황을 만들기도 한다. 작년부터 매일 교회당 마당의 잡초를 뽑고 있지만, 며칠 사이에 쑥쑥 올라오는 잡초를 보면 그 강인한 생명력에 감탄하지 않을 수 없다. 매일 잡초를 뽑다 보면 배우는 것이 참 많다. 눈에 보이지는 않지만 땅 밑에는 잡초의 생명력이 숨 쉬고 있다는 사실을 배우며, 매일 잡초를 뽑고 구슬땀을 흘리면서 성실함을 익힌다. 잡초 뽑는 일은 일상의 삶에서 작고 보잘것없어 보여도 나로 하여금 많은 것을 배우게 한다.

마찬가지로 눈에는 보이지 않지만, 내 안에는 예수의 생명이 살아 숨 쉬고 있다. 매 순간 예수님을 바라보면서 일본 선교가 얼마나 중요한 일인지를 깨닫는다. 질그릇 같은 자신에게 주목하는 것이 아니라, 보배이신 예수님을 바라봐야 쉽게 포기하거나 낙심하지 않을 것이다. 나에게 이미 부어 주신 하나님의 은혜에 감사하며, 내 삶을 통해 예수의 생명이 드러나길 기도한다.

> 우리가 이 보배를 질그릇에 가졌으니 이는 심히 큰 능력은 하나님께 있고 우리에게 있지 아니함을 알게 하려 함이라. 우리가 사방으로 욱여쌈을 당하여도 싸이지 아니하며 답답한 일을 당하여도 낙심하지 아니하며 박해를 받아도 버린 바 되지 아니하며 거꾸러뜨림을 당하여도 망하지 아니하고 우리가 항상 예수의 죽음을 몸에 짊어짐은 예수의 생명이 또한 우리 몸에 나타나게 하려 함이라 _고후 4:7-10

| 꽉 쥐고 있던 손을 펴는 순간부터 |

최근 들어 주위에서 "바쁘네요"라는 말을 자주 듣는다. 한 달을 되돌아보면 정신없이 지냈고, 긴장되는 순간도 많았다. 매일의 루틴을 관리하고 훈련해 왔지만, 의외의 상황이 닥치니 대처가 쉽지 않았다. 평소보다 늦게 일어나고, 책상 위 정리정돈도 잘 못하면서, 말투도 거칠어졌다. 다시 한번 내 자신의 나약함과 무력함을 깨닫고, 겸손히 주님의 인도하심과 도우심을 구하게 되었다. 대부분의 사람이 바

쁘게 생활하고 있어서 그런지 바쁨에 익숙해져 있다. 바쁘지 않으면 안절부절못할 정도다. 물론 주변 상황이 자신을 바쁘게 만드는 것도 있지만, 스스로 그런 상황을 만들어 내고 있는 것은 아닌가 하는 생각이 든다.

우리는 대개 내 삶에 '쓸데없는 것'이란 없을 것 같고, 이것저것 모두 필요한 것같이 느낀다. 그러나 그렇게 하면 할수록 문제와 과제가 점점 더 많아진다. 집 안에 불필요한 짐이 많아지는 것은 이것도 저것도 필요하다는 생각에서 비롯되는 것처럼 말이다. 직장, 공부, 가정, 교회, 취미 활동 등 하나하나가 다 좋으면서도 너무 많은 것을 해 내느라 숨이 막히지 않는가? 나를 변화시켜 주시는 하나님과의 관계를 간절히 원하지만, 그런 관계를 얻는 것이 힘들고 불가능하다고 여기며 포기하고 있지 않은가?

그래서 우리는 주님의 인도하심과 도우심을 구하는데, 주님은 우리에게 그럴 때마다 멈추라고 요구하신다. "너희는 가만히 있어 내가 하나님 됨을 알지어다"(시 46:10)라고 하셨듯이, 아무리 주변 상황이 소란스럽더라도 급하게 대응책을 세우고 해결책을 찾기 전에 먼저 이 상황을 인도하시는 하나님께서 함께하심을 알고, 그 후에 우리가 움직여도 충분하다.

2018년 10월, 차를 운전하다가 갑자기 눈물이 멈추지 않아 펑펑 울었던 적이 있다. 한 번도 경험해 보지 못한 일이라 옆에 앉아 있던 아내도 깜짝 놀랐다. 그 후 병원에 가서 진찰을 받았는데, 다행히 몸에 이상은 없었다. 다만 과중한 업무와 학업, 거절하지 못하는 성격, 복잡한 인간관계와 스트레스 등 복합적인 문제로 인해 몸에 빨간불이 켜졌다고 했다. 의사는 반드시 휴식과 절대적인 안정이 필요하다고 했다. 물론 의사의 말에 수긍하면서도 현실과 상황은 좀처럼 나아지지 않았다. 여전히 여러 가지 문제로 골머리를 앓으며 스트레스를 받았고, 늘 시간에 쫓기며 일과 학업, 석사 논문에 몰두하고 있었다.

그러던 어느 날, 어느 성도의 집에 초대를 받아 함께 식사를 하게 되었다. 그곳에서 내 일상과 고민을 함께 나누고 기도를 부탁했다. 신앙 공동체의 격려와 기도를 통해 설명할 수 없을 정도로 마음이 따뜻해졌다. 그 후에도 일주일에 한 번씩 모여 식사를 하며 교제하는 기쁨을 맛보았다. 물론 해야 할 사역과 과제가 있었지만, 이 상황을 인도하시는 하나님께서 함께하신다는 것을 의식함으로 마음이 든든해지는 경험을 했다. 보통 서너 시간 걸리는 일들이 한 시간 만에 끝나기도 하고, 도와주는 사람이 나타나기도 했다. 내가 꽉 쥐고 있던 손을 펴는 순간부터 하나님의 역사는 시작되었다.

제2부

그루터기에
피어나는 싹

5장
일본 선교와 순종

| **순종의 바통을 이어받아서** |

목회에서 은퇴하신 일본인 목사님과 교제를 나누었다. 그분은 여든이 넘은 나이에도 표정과 몸짓에서 활력과 생동감이 드러났다. 나에게 자신의 목회와 간증을 이야기해 주었는데, 그 내용에 큰 도전이 되었다.

예수님을 믿기 전 그의 관심은 오직 세상과 타인에게 인정받는 성공한 삶이었고, 그것을 이루기 위해 악착같이 살았다고 한다. 결국 오사카에 있는 대기업에 취직해 안정적인 생활을 하다가 크리스천 여성을 만나 결혼했고, 아내 손에 이끌려 어쩔 수 없이 교회에 가게 되었는데, 목사의 설교 중에 "우리가 믿는 것은 이제 당신의 말 때문만은 아니오. 우리가 그 말씀을 직접 들어보고 이분이 참으로 세상의 구주이심을 알았기 때문이오"(요 4:42, 새번역)라는 구절이 그의 마음에 강하게 와닿았다고 한다.

그는 "우리가 그 말씀을 직접 들어보고"라는 구절이 뼛속 깊이 스며들어 가슴이 뜨겁게 감동되었다고 고백했다. 그 후 성령의 역사로 인해 예수를 주로 영접하게 되었고, 세례를 받고서 크리스천으로서의 삶을 시작했다고 한다. 그 후 서른세 살에 헌신하여 4년간 신학교에서 공부한 뒤 목사가 되었고, 서른일곱 살에 도쿄에서 교회를 개척하여 22년간 목회를 이어 갔다. 이후 그 교회를 다른 일본인 목사에게 맡기고, 60대에 후쿠오카에서 또다시 교회를 개척했다. 일본에서 두 번이나 교회를 개척했다는 이야기는 나에게 큰 놀라움과 도전을 주었다.

하지만 두 번째 교회 개척은 순탄치 않았다고 했다. 복음을 전하며 아무리 전도해도 교회에 사람이 전혀 방문하지 않아 내내 아내와 단둘이 예배를 드렸는데, 안타깝게도 그 시기에 아내가 병으로 세상을 떠났다. 슬픔과 좌절 속에서도 그는 "그의 뜻대로 부르심을 입은 자들에게는 모든 것이 합력하여 선을 이루느니라"(롬 8:28)라는 말씀을 붙잡았다. 주님께서 주시는 평안과 은혜로 아내의 장례식을 마쳤고, 한 달 뒤 미국인 선교사의 협력과 도움으로 교회는 조금씩 안정되기 시작했다. 지금도 이 교회는 지역에 뿌리를 내리며 일본 선교를 감당하고 있다.

그분의 간증을 들으며, 일본 선교에서 주님의 말씀에 대한 순종이 얼마나 중요한지를 깨달았다. 나는 현재 그 순종으로 세워진 교회에서 목회를 하고 있다. 주님은 순종으로 세워진 교회를, 계속 순종으로 세워 나가야 한다고 말씀하신다. 순종의 바통을 이어받은 자로서, 오직 순종으로 일본 선교를 감당할 수 있기를 기도한다.

네가 죽도록 충성하라 그리하면 내가 생명의 관을 네게 주리라
_계 2:10

| 주님이 이끄시는 대로 순종하는 삶 |

미우라 아야코가 쓴 『작은 나귀 목사 이야기(ちいろば先生物語)』라는 소설이 있다. 허울 없이 인간미가 넘치는 '작은 나귀 목사'라고 불리는 **에노모토 야스로(榎本保郎)** 목사의 모습을 그린 전기 소설이다. 에노모토 목사는 어린 시절 가난한 가정에서 자라며 집안일을 도우면서 공부했지만, 허무에 빠져 삶의 목적을 잃어버렸다. 고생 끝에 동지사 대학 신학부의 청강생이 되었으나, 자살 소동을 일으키고 만다. 하지만 차츰 안정감을 되찾고 신학부를 졸업한 후, 하나님께 온전히 헌신하기로 결심한다.

일생을 복음 전도에 바친 에노모토 목사의 비장한 생과 죽음이 이 『작은 나귀 목사 이야기(ちいろば先生物語)』라는 책에 고스란히 담겨 있다. 자신을 예수님이 타신 작은 나귀에 비유하며 "작은 나귀는 주님께서 필요하시다고 말씀하시면, 아무 말 없이 끌려가는 존재이다"라고 말했다.[7] 그리고 소설의 내용 중에 인상 깊은 문장이 있다.

> 에노모토 목사는 청종(聽從)이라는 말을 자주 사용했다. 이 청종은 결코 입으로만 하는 것이 아니라, 문자 그대로 생명을 걸고 따르는 것이다. 하지만 예수님의 말씀에 생명을 걸고 따르려 한 적이 없는 나로서는 도저히 알 수 없는 경지였다. 에노모토 목사는 52세의 나이로 죽음을 맞이했다. 그러나 그의 삶은 결코 가볍거나 덧없지 않았다. 그의 사역은 무모함도 아니요, 탈선도 아니었으며, 오롯이 '청종'이었다. 하나님은 그를 그렇게 사용하셨다.[8]

나는 에노모토 목사가 말한 청종이란, 주님께서 이끄시는 대로 순종하는 삶이라 생각한다. 지금까지의 내 삶을 되돌아보니, 모든 것이 주님께서 이끄시는 대로 순종하는 훈련이었다. 물론 생각한 대로, 마음먹은 대로 되지 않았던 적이 많다. 일본 선교를 위해 계획했던 일이

---

7 三浦綾子, 『ちいろば先生物語』(朝日新聞社, 1990), 655.
8 위의 책, 736-737.

물거품 된 적도 있고, 확신을 갖고 진행했던 사역이 흐지부지 끝난 적
도 있다. 나의 드센 고집과 견고한 자아, 강한 자존심에 의한 좌절과
낙심도 있었다. 하지만 그럴 때마다 십자가를 짊어지고 가신 예수님
을 바라보았다. 그때마다 나를 다시 일으켜 세우신 주님의 은혜를 경
험하며 그 흔적들을 기록했다.

모든 인생은 마치 모래시계 속 모래알과 같다. 모래알은 일정한
간격으로 조금씩 아래로 떨어지면서 언젠가는 마지막 한 알까지도 다
떨어진다. 마찬가지로, 우리 인생에도 마지막 순간이 찾아올 것이다.
그때, '내 인생은 참으로 허무했구나!', '무엇 때문에 그렇게 열심히 살
았던가!' 하며 한탄하기보다는, 삶의 흔적을 돌아보며 이렇게 고백하
고 싶다.

"주님께서 이끄시는 대로 순종하는 삶은 정말로 은혜였구나!"

| 그리스도인의 또 다른 이름 |

나는 어릴 적부터 어머니와 선생님의 말씀을 꽤 잘 따르고 순응하
는 편이었다. 불필요한 다툼과 분쟁을 싫어했기 때문이다. 또한 내가
해야 할 일을 성실히 하고, 상대방의 의도대로 행동하다 보면 다들

나를 좋아해 주었다. 특히 교회에서도, 이것저것 따지거나 계산하지 않고 주님의 말씀을 곧이곧대로 따르는 것이 순종이라 배웠다. 그래서 나에게도 그러한 순종의 은사가 있다고 생각했다. 하지만 2005년에 일본 유학을 온 뒤, 홀로 지내는 시간이 많아지면서 내 실상이 드러났다. 사람들이 보는 곳에서의 나와 사람들에게 보이지 않는 곳에서의 내 모습은 확연히 달랐다.

혼자 있을 때의 내 모습은 한마디로 불순종의 삶이었다. 주님께서 함께 계신다는 것을 무시하고 늘 자기중심적인 삶을 살았으며, 끝없이 교만하고, 탐욕과 거짓과 음란이 가득했다. 그런데도 그것을 심각하게 여기지 않았다. 물론 주님의 뜻대로 거룩하게 살고 싶은 마음과 노력도 있었지만, 온전히 순종하려고 아무리 애를 써도 늘 똑같은 죄와 유혹에 무너졌으며, 순종하지 못하는 여러 가지 이유와 핑계를 대며 스스로를 합리화했다. "오호라, 나는 곤고한 사람이로다. 이 사망의 몸에서 누가 나를 건져 내랴"(롬 7:24). 사도 바울의 고백처럼 죄의 유혹과 영적 싸움에서 승리할 수 있는 방법을 알지 못해 좌절하고 낙심할 뿐이었다.

하루는 일본 홀리니스 교단의 요코하마교회(橫浜敎會) 목사인 **후지마키 미쓰루**(藤卷充)를 만났다. 후지마키 목사님은 한국어, 중국어, 독일어 등 일곱 개의 언어를 구사하며, 도쿄성서학원 신대원의 학장으로서 왕성한 집필 활동을 하신 분이었다. 90세가 넘은 고령이었지만, 재치 있으시고 또렷한 기억력을 가지고 계셨다. 2019년 내가 집필한 책에 관심을 가져주셔서 책 선물을 보낸 것을 계기로 친분을 갖게 되었는데, 이후로도 내 형편을 걱정하시고 자기 삶이 얼마 남지 않았다며 기도를 부탁하셨다. 문득 주님께서 내게 그분의 삶과 신앙을 통해 말씀하고 싶으신 것이 있으실 것 같다는 생각이 들어 직접 찾아뵈었다. 세 시간의 따뜻한 교제 속에서 나는 후지마키 목사님께 한 가지 질문을 드렸다.

"목사님, 그리스도인이 죄의 유혹과 영적 싸움에서 승리할 수 있는 방법은 무엇입니까?"

후지마키 목사님은 다음과 같이 말씀해 주셨다.

"바울이 자신을 죄인 중의 괴수라고 고백했듯이, 인간의 본성은 죄인입니다. 그래서 인간은 자기 부모와 형제조차도 온전히 사랑할 수 없습니다. 그런데 어떻게 이웃 사랑이 가능하겠습니까? 자신의 힘으로는 절대 불가능하죠. 그래서 그리스도인은 먼저 성경 말씀에 순종하려는 결단이 필요합니다. 그 순종의 결단을 통해 성령님이 역사하셔서 그리스도를 본받아 살아가도록 이끄십니다."

그 말씀을 듣는 순간, 나는 그리스도인의 또 다른 이름이 바로 '순종하는 자'라는 생각이 들었다. 이러한 순종의 결단은 내 삶의 주권자이신 하나님에 대한 확신에서 비롯된 것임을 깨달았다. 예수님께서 십자가에 못 박혀 돌아가시기 전 겟세마네 동산에서 순종의 결단을 보여 주셨듯이, 비록 죄와 씨름하며 고통 속에 몸부림치며 내뱉는 작은 고백일지라도, 주님께 순종의 결단과 기도를 드린다.

이르시되 아버지여 만일 아버지의 뜻이거든 이 잔을 내게서 옮기시옵소서 그러나 내 원대로 마시옵고 아버지의 원대로 되기를 원하나이다 하시니 _눅 22:42

| 사랑과 진실이라는 좁은 길로 |

도쿄의 이케노우에 그리스도교회(池の上キリスト教会)를 다니는 크리스천 경영가가 있다. 그는 바로 야마자키 제빵의 회장인 **이이지마 노부히로**(飯島延浩)이다. 이이지마 회장은 성경의 가르침에 따라 좁은 문과 좁은 길을 걸으며 회사를 운영해 왔다고 한다. 비즈니스의 기본 구조가 기독교 가르침과 결코 떼어놓을 수 없는 것이라고 믿었기 때문이다. 또한 그는 하나님의 가르침에 충실히 따르면 반드시

좋은 결과로 이어질 거라고 확신했다. 남을 의식하며 일하지 않고, 오직 주님만 바라보며 정직하게 빵을 만들면서 동업자들을 비난하거나 유통 판매의 한계를 불평하지 않았던 것도 바로 그 때문이다.

나는 지금껏 일본 선교는 마치 전쟁터와 같아 긴장의 끈을 놓치면 안 된다고 생각하며 사역해 왔다. 특히 모순과 부조리, 교만으로 가득 찬 선교 현장에서는 늘 전투 의식을 가지고서 싸워야 한다고 여겼다. 여러 관계와 상황 속에서 합리적이고 논리적으로 생각하며, 때로는 집요하게 상대방의 의도를 파악하곤 했다. 그러나 집 근처에 있는 야마자키 제빵 공장을 볼 때마다 이이지마 회장의 삶과 신앙의 모습이 떠오르곤 한다. 예전에 그가 강연 중에 했던 말이 문득 떠오른다.

"여태껏 나는 비즈니스와 교회 생활을 분리해서 생각해 왔습니다. 교회 생활을 한마디로 말하자면 '사랑'이었지만, 회사 생활은 늘 전쟁터였지요. 그런데 이상하게도 문제가 생길 때마다 문제 해결의 핵심은 사랑이었습니다. 일본 사회에는 겉과 속이라는 게 있습니다. 그러나 그 속에는 또 다른 속이 있고, 그 속의 속까지 파고들면 도대체 내가 뭘 믿고 있는지 혼란스러울 때가 많습니다. 진리의 말씀을 확실히 붙잡지 않거나 주님을 의식하지 않으면, 일본 사회에서 살아가기가 정말 어렵지요. 야마자키 회사도 몇 차례 위기를 겪었지만, 그때마다 주님께 기도드렸습니다. 그리고 주님께서 주신 깨달음을 즉시 실행에 옮겼습니다. 지금의

야마자키 회사가 있는 것은 전적으로 주님의 은혜라고 믿습니다."

이이지마 회장의 말을 통해 모순과 거짓, 부조리와 교만, 경쟁과 이기심으로 가득 찬 세상에서 승리하는 방법은 치열하고 전투적으로 사는 것이 아니라, 사랑과 진실로 사는 것임을 깨닫는다. 때때로 나의 일본 선교와 사역을 되돌아보면, 겉과 속이 다른 모습을 발견할 때가 있다. 매번 합리적이고 상황에 맞춰 판단하다 보니 사랑과 진실로 사는 삶이 흐려진 것이다. 비록 그 길이 아무리 좁고 험난해도, 예수님과 동행하며 사랑과 진실로 살아가는 것을 배워 나갈 수 있길 기도한다.

> 좁은 문으로 들어가라 멸망으로 인도하는 문은 크고 그 길이 넓어 그리로 들어가는 자가 많고 생명으로 인도하는 문은 좁고 길이 협착하여 찾는 자가 적음이라 _마 7:13-14

| 순종의 걸음 |

2022년 2월에 둘째 아이가 태어났다. 하지만 코로나 팬데믹으로 인해 아쉽게도 한국에 계신 어머니를 만나지 못했다. 코로나로 인한

국민적 피로와 경제적 어려움 때문에 코로나 감염에 대한 인식과 대처 방법이 조금씩 바뀌어 가면서, 그해 10월부터는 일본 출입국 절차와 비자가 완화되기 시작했다. 그래서 3년 만에 한국에 귀국하기로 마음먹었다.

선교사의 삶은 늘 세 가지를 준비해야 한다고 생각한다. '언제든지 죽을 준비', '언제든지 설교할 준비', '언제든지 떠날 준비'이다. 이러한 삶을 의식하다 보면, 생활은 비교적 복잡해지지 않고 단순해진다. 언제든지 짐 가방 하나로 떠날 준비가 되어 있기 때문이다. 하지만 어느덧 4인 가족이 되다 보니, 떠날 준비와 시간이 꽤 오래 걸리고 짐도 무거워졌다. 한국에 귀국하는 짐을 챙기면서 선교사로서 부끄러운 생각이 들었다.

모처럼 한국에 방문하는 일정에 누구를 만나야 할지 몰라 오랫동안 고민하며 망설였다. 내심 일본 선교에 필요와 도움이 되는 분들을 만나고 싶은 마음이 컸지만, 내 필요에 따라 누군가를 만나는 걸 주님께서 원하지 않으시는 것 같았다. 그래서 꼭 만나야 하는 분들에게만 연락하고 그 외의 일정은 비워 두기로 했다. 그러다 보니 주님께서 어떻게 인도하실지 기대하는 마음이 커졌고, 한국 일정에 대한 고민은 점점 사그라졌다.

답답하고 막연했던 코로나 팬데믹 상황에서도 주님의 선하신 뜻이 있었다. 주님은 내게 그 선하신 뜻을 구함과 온전한 순종을 요구하시며 훈련시키셨다. 지금 내가 무얼 하기를 원하시는지, 주님을 기쁘시게 할 것이 무엇인지 분별하여 순종의 걸음을 걷게 하셨다. 곰곰이 생각해 보면, 이러한 순종의 걸음은 매일의 삶을 복잡하거나 분주하게 만들지 않았다. 오롯이 예수님을 따라가는 삶이면 충분하기 때문이다. 어느 일정이나 그렇게 주님과 친밀한 동행을 하고 싶다. 언제든지 떠날 준비를 연습하면서 말이다.

> 여호와께서 아브람에게 이르시되 너는 너의 고향과 친척과 아버지의 집을 떠나 내가 네게 보여 줄 땅으로 가라 _창 12:1

6장
일본 선교와 인내

| 떨어지는 물방울이 돌을 뚫듯이 |

일본에서 가장 큰 개신교 복음주의 초교파 신학교인 도쿄 기독교 대학에서 출판한 『데이터 북 2023 하나님 나라의 확장과 심화를 위해(データブック 2023 神の国の広がりと深化のために)』에 따르면, 2018년에는 일본에 8,026개의 교회가 있었는데, 2020년에는 7,925개로 감소했으며, 코로나 팬데믹 이후에는 7,427개로 줄어들었다고 한다. 그리고 2018년, 무목 교회는 1,124곳이었고 목회자의 평균 연령은 약 70세로 나타났다.

이 흐름으로 보면, 앞으로 고령화가 진행 중인 일본에서는 무목 교회가 더욱 늘어날 전망이다. 목회자가 없는 일부 지방 교회들은 인근 교회 목회자에게 설교를 부탁하기 위해 주일 예배 시간을 변경하거나 온라인 예배를 드리고 있다. 일본 교회의 80%는 평균 교인이 15명 미만인 미자립 교회이며, 인구 대비 복음화율은 약 0.4%로 집계되었다.

그러는 와중에 또 한 가지 안타까운 소식을 들었다. 2023년 10월 중순에 일본의 큰 기독교 출판사 중 하나인 생명의 말씀사(いのちのことば社)의 후쿠오카 서점이 폐점한다는 소식이었다. 코로나로 인해 서점을 방문하는 발길이 끊겨 더 이상 사람들이 서점을 찾지 않는 상황에서, 일본 전역에 있는 20여 곳의 서점 중 일곱 곳만 남아 있었는데, 후쿠오카 서점 역시도 폐점을 한다는 것이었다. 대신에 출판사는 이동식 서적 판매 차량으로 우리 교회를 방문하여 책을 홍보하며 판매하고 싶다고 했다.

현재 일본 교회는 무목 교회의 증가와 목회자 고령화, 신학생 및 목사의 부족으로 인해 일본 기독교계의 전반적인 수요가 줄어들면서 출판사의 경영도 악화할 수밖에 없었다. 이러한 상황 속에서 출판사는 차량을 개조해 교회를 직접 방문하며 서적 홍보와 판매를 시도하고 있었는데, 지푸라기를 잡는 심정으로 운영되고 있었다.

나는 교회 성도들에게 이러한 방식의 서적 판매를 홍보했다. 하지만 여기에 방문한 이는 고작 두 명뿐이었고, 각각 한두 권의 책만을 구입했다. 나는 미안한 마음에 교회 성도들에게 선물할 책을 20만 원어치 구입했고, 아내는 주일학교 아이들에게 줄 말씀 카드와 선물을 구입했다. 그리고 출판사 직원이 돌아갈 때 응원의 의미로 간식과 먹거리를 준비해 건네 주었다. 힘들어 보이던 직원의 얼굴에 환한 미소가 번지니 우리의 마음도 뭉클했다.

하지만 나도 이와 다를 바가 없었다. 미자립 교회에서 선교 사역을 하다 보면 무엇을 어떻게 해야 할지 막막한 순간이 많기 때문이다. 그렇다고 해서 다양한 사역을 시도할 수도 없다. 왜냐하면 일본 문화의 특성상 무엇보다 오랜 시간 신뢰 관계를 맺는 것이 가장 중요하기 때문이다. 일본 선교는 마치 반복적으로 떨어지는 물방울이 돌을 뚫듯이 오랜 시간과 인내가 필요하다. 그래서 주님은 나에게 어떤 일이든지 길게 내다보며 서두르거나 포기하지 않고 성실과 인내로 선교하라 말씀하신다.

> 인내를 온전히 이루라 이는 너희로 온전하고 구비하여 조금도 부족함이 없게 하려 함이라 _약 1:4

| 길게 내다보는 은혜와 복 |

2020년 초, 전 세계적으로 코로나 바이러스 확진자가 폭증했다. 사람들에게서 면역력을 갖고 있지 않은 새로운 질병이 상상 이상으

로 퍼지면서 결국 팬데믹이 선언되었다. 그런데 계속해서 델타, 오미크론, 스텔스 오미크론 변이가 확산함으로 이제는 위드 코로나 시대를 살아가야 한다고 했다. 또한 매일 전쟁으로 인한 참극, 저성장, 인플레이션, 나라와 나라 간의 대립과 갈등 소식을 자주 접하다 보니, 왠지 모를 두려움이 몰려왔다. 실제로 이러한 문제를 만났을 때, 과연 어떻게 판단하고 행동해야 할 것인가를 생각하게 되었다.

지난주에 첫째 딸이 39도의 고열을 앓았다. 혹시나 하는 마음에 항원 검사를 받았는데, 역시나 코로나 양성이었다. 나와 아내, 둘째 딸이 밀접 접촉자여서 다 같이 항원 검사를 받았는데, 아내는 양성이었고 나는 음성이었다. 음성이었음에도 목이 아프고 몸 상태가 좋지 않아 PCR 검사를 받았다. 결국 나도 코로나 양성 판정을 받았다. 이렇게 해서 가족 전원이 10일간 자가 격리를 해야 했다. 특히 아내는 천식을 앓고 있어서 기침과 두통이 심했고, 고열로 몸을 잘 움직일 수 없었다.

큰딸은 집에만 있어서 답답한지, 밖에서 놀고 싶다고 떼를 썼다. 작은딸도 집안의 무거운 분위기로 인해 온종일 울고 잠도 잘 자지 않았다. 이런 상황에 나도 평소와 다른 몸 상태이다 보니, 마음도 점점 약해졌다. 하지만 남편이자 아빠로서, 나라도 약한 모습을 보이면 안 된다는 생각이 강하게 들어 정신을 바짝 차린 후 마음에 한 가지를 정했다. 10일간의 이 상황을 힘들다고 쉽게 불평하거나 상황을 회피

하지 않겠다고 말이다.

비록 답답한 시기였지만, 그렇게 마음을 정하고서 조급해하지 않고 길게 내다보면서 판단하며 행동했다. 내 마음에 여유가 생기기 시작하자, 아내와 아이들을 돌보는 것에 대한 불만과 짜증도 점점 줄어들었다. 자가 격리 기간이 끝나고, 온종일 집 청소와 빨래를 했다. 그동안 몸과 마음이 답답하고 아팠던 일은 언제였는가 싶을 정도였다. 문득 '삶에서 당면하는 대부분의 문제가 마찬가지이지 않을까?'라는 생각이 들었다.

뭔가 자신이 딱히 할 수 있는 일이 없더라도, 조급해하지 않고 길게 내다볼 수만 있다면, 당시 힘들고 어려웠던 일도 다 귀한 간증이 되지 않을까? 그렇다면 매번 문제가 없어지게 해 달라고만 기도하는 것이 아니라, 문제보다 더 크신 주님을 볼 수 있도록 기도가 바뀌어야 할 것이다. 함께 계신 주님을 의식할 수만 있다면 어떠한 문제라도 길게 내다볼 수 있다.

벧엘 들판에서 홀로 잠을 자고 있던 야곱은 처음으로 살아 계신 주님을 만났다. 야곱은 주님께서 자신과 함께하심을 깨달은 후, 들판에 홀로 남은 외로움과 두려움을 이길 힘을 얻었다. 그 후 야곱은 길게 내다보며 주님과 함께 한 걸음 한 걸음을 내디뎠고, 그것이 그에게 힘이 되고 복이 되었다. 일본 선교 또한 길게 내다보며, 주님과 함께 한 걸음씩 전진하는 은혜와 복이 있기를 기도한다.

내가 너와 함께 있어 네가 어디로 가든지 너를 지키며 너를 이끌어 이 땅으로 돌아오게 할지라 내가 네게 허락한 것을 다 이루기까지 너를 떠나지 아니하리라 하신지라 야곱이 잠이 깨어 이르되 여호와께서 과연 여기 계시거늘 내가 알지 못하였도다 _창 28:15-16

| 중간에 포기하지 않는다면 |

나는 초등학생 시절, 1,500m 오래달리기 선수로 활동한 적이 있다. 특별히 다른 사람들보다 빠르거나 잘 뛰어서가 아니었다. 매일 축구를 하다 보니 자연스럽게 심폐지구력이 향상되었고, 1,500m를 뛰더라도 크게 지치지 않았다. 그 덕분에 체육 선생님의 추천을 받아 오래달리기 선수로 선발될 수 있었다.

선수로 선발되었음에도, 훈련을 하는 동안 포기하고 싶은 순간들이 종종 있었다. 그러나 많은 사람이 나를 지켜보고 있다는 생각을 하니, 포기하고 싶어도 내 마음대로 행동할 수 없었다. 비록 우수한 성적이나 순위를 기록하지는 못했지만, 마지막 결승선까지는 달렸다. 나는 그때, 중간에 포기하지 않아야만 비로소 인내심, 지구력, 끈기와 같은 것들이 향상된다는 것을 배웠다.

일본 출입국 관리국에 따르면, 2020년 6월 기준 일본 내 재류 외국인은 총 197개국, 288만 5,904명이라고 한다. 현재 일본 총인구 약 1억 2,500만 명 중 약 2%가 외국인이며, 이 중 한국인은 약 43만 5,000명으로 약 0.3%를 차지하고 있다. 이들은 다양한 이유와 목적을 가지고 일본에서 생활하고 있을 것이다. 하지만 불과 몇십 년 전만 해도 일본에서 사는 것은 결코 쉬운 일이 아니었다.

한국계 미국인 작가 이민진이 쓴 『파친코』라는 책이 있다. 그녀가 재일 동포의 존재를 처음 접한 것은 어느 일본 선교사의 강연을 통해서였다고 한다. 그녀는 재미 동포들이 사회경제적 상승 욕구가 강한 반면, 재일 동포들은 대부분 일본 사회의 밑바닥에서 고통받고 있다는 사실을 알게 되었다. 그래서 재일 동포들의 그러한 복잡하고 안타까운 사연, 그리고 어느 나라에도 온전히 속하지 못한 채 살아가는 그들의 삶을 『파친코』라는 소설을 통해 표현한 것이다.

이 책은 일제 강점기부터 1980년대까지를 시대적 배경으로 하여, 일본에서 4대에 걸쳐 살아온 재일 동포들의 이야기를 다룬다. 등장인물들은 일본인들로부터 지독한 멸시와 차별을 받으며 저마다의 한계와 굴레를 짊어진 채 살아간다. 그러나 그들은 재일 동포들에게 유일하게 가능했던 파친코 사업을 통해 생계를 이어 가는데, 이 책은 그 일에 얽힌 처절한 삶을 적나라하게 보여 준다.

일본에서 선교사로 사역하다 보면 이러한 삶을 살아온 재일 동포들을 종종 만나게 된다. 어느 나라에도 온전히 속하지 못한 채 온갖 궂은일을 하면서 차별과 냉대를 견디고 투쟁하며 살아온 그분들의 삶을 통해 안타까움이 느껴진다. 하지만 이들은 중간에 포기하지 않고 오랜 시간 인내하며 살아왔다. 일본 선교도 마찬가지다. 중간에 포기하지만 않는다면, 주님께서 사람들의 연약하고 낙심한 마음을 일으켜 세우실 것이다.

> 너희에게 인내가 필요함은 너희가 하나님의 뜻을 행한 후에 약속하신 것을 받기 위함이라 _히 10:36

니시후쿠오카교회 전경

| **포기하지 말고 계속하라** |

2023년부터 니시후쿠오카교회(西福岡キリスト教会)에서 선교 사역을 하면서, 거의 매주 칼럼을 쓰고 있다. 본래 교회 주보는 앞면만 있고, 뒷면은 백지 상태였다. 그래서 주보의 뒷면을 어떻게 활용하면 좋을지 많이 고민했었다. 교회의 필요한 정보가 한눈에 전달될 수 있도록 다양한 교회의 주보를 참고하며 연구했다. 그 과정에서 나의 한 주간의 삶을 돌아보며 주님과 친밀하게 동행했던 은혜와 깨달음, 성도들에게 전하고 싶은 것 등을 공유하기 위해 칼럼을 쓰기로 했다.

하지만 매주 한정된 틀 안에서 이해하기 쉽게 글로 표현하는 것은 매우 어려운 일이었다. 그래서 매주 칼럼을 쓰는 것이 큰 부담이었다. '다음 주에는 어떤 내용을 쓰면 좋을까?', '이 표현으로 누군가에게 상처를 주거나 오해를 불러일으키지는 않을까?', '칼럼은 써도 되고 안 써도 되는데, 왜 이렇게 스트레스를 받으면서까지 쓰는 걸까?'라는 고민과 갈등이 끊이지 않았다. 또한 바쁜 일상에서 몸과 마음이 지쳐 영적인 공격을 당하며 좌절할 때도 있었다. 그러다 보니 짜임새 없는 글이 많아지고, 표현도 거칠어졌다. 그럴 때마다 나의 부족함에 실망하고 낙심하곤 했다. 어떤 일이든 억지로 하거나 싫은 일을 계속하는 것은 누구에게나 힘든 일이지 않은가.

하지만 칼럼을 쓸 때면 항상 교회의 머리이신 그리스도의 뜻이 무엇인지를 염두에 두고 글을 쓴다. 그래서 매주 칼럼을 쓰다가 나도 모르게 내 자신이 마귀가 심어 놓은 생각, 감정, 미혹, 죄에 기울어진 것을 깨닫게 된다.

그리고 "선명한 기억보다 희미한 연필 자국이 더 가치가 있다"라는 말이 있듯이, 사람의 기억이라는 것은 처음에는 선명해도 시간이 지나면 흐릿해지거나 잊어버리게 마련이다. 사람은 누군가의 이야기를 들을 때 자기 입장, 가치관, 선입견 등 다양한 필터를 통해 듣는다. 그래서 귀로 들은 이야기를 그대로 이해하는 경우는 거의 없고, 자기 나름대로 변형시켜서 전혀 다른 정보로 받아들이는 경우가 많다. 그 때문에 나는 교회의 사역과 방향성을 말로 전달할 때는 문서로 남기려고 노력한다. 그래서 주보에 실리는 칼럼은 중요한 역할을 하리라 생각했다.

무엇보다 주일에 짧은 시간 얼굴을 마주하는 성도들은 목회자와 친밀한 관계를 갖기가 쉽지 않다. 하지만 칼럼을 통해서 조금이라도 목회자와 함께 시간을 보낸 것처럼 느껴진다면 이보다 더 기쁜 일은 없을 것이다. 그럼에도 불구하고 칼럼을 그만두고 싶을 때가 있다. 한동안은 정말 바쁘고 힘든 나날이 계속되어 몸도 마음도 지쳐 있던 나는 칼럼을 쓸 의욕을 잃고서 이제 그만두고 싶다는 생각이 들기도 했다. 순간 잠잠히 주님을 바라보았다. '예수님이라면 어떻게 하실까?'라는 생각을 했을 때, 문득 "우리가 선을 행하되 낙심하지 말

지니 포기하지 아니하면 때가 이르매 거두리라"(갈 6:9)라는 말씀이 떠올랐다. 주님께서 나에게 "포기하지 말고 계속하라!"라고 말씀하시는 듯했다.

나는 그 말씀에 따르기로 선택했다. 언제나 나와 함께하시는 예수님과 친밀해지는 과정에는 의심과 실망, 낙심의 고비가 있다. 그러나 이런 고비들도 예수님과 함께 포기하지 않고 계속해서 나아간다면, 어느새 자신도 모르게 그 어려운 순간들을 지나게 될 것이다. 시간이 흐르고 자신이 걸어온 길을 되돌아보면, 그때는 참 힘들었지만, 결국 그 경험이 나에게 큰 감사로 다가올 것이다.

| 아무리 괴로워도 꿋꿋이 견디면 언젠가 길은 열린다 |

예전에 실화를 바탕으로 제작된 영화 「오싱(おしん)」을 본 적이 있다. 가난한 가정 형편으로 인해 일곱 살의 어린 나이에 가족들의 생계를 위해 식모살이를 할 수밖에 없었던 주인공 오싱의 삶은 정말 파란만장했다. 지독한 가난과 온갖 고난 속에서 오싱이 했던 말이 내 가슴 깊이 남아 있다.

"아무리 괴로워도 꿋꿋이 견디면 언젠가 길은 열린다."

이러한 역전극이 펼쳐지는 이야기에 많은 사람이 매료된다. 주변에서 불가능하다고 말하는 것을 포기하지 않고 계속할 때, 비로소 모든 것을 뒤엎기 때문이다. 물론 하기 싫고 포기하고 싶은 마음이 들 때도 있지만, 꿋꿋이 견디고 인내하면 반전을 이뤄 낼 수 있다. 물론 우리는 살아가면서 어떤 분야의 천재를 만날 때가 있다. 만약 그런 천재와 경쟁하게 되면 상처투성이가 되거나 그 분야의 꿈을 포기하게 될 수도 있다. 그 결과 평생을 뒤처진 채로 살거나, 자신의 재능과 무관한 직업에 종사하며 열등감에 사로잡혀 살게 될 것이다. 하지만 아무리 상황이 바뀌지 않더라도 꿋꿋이 견디며 인내해 나가면 길은 열린다.

나는 초등학생 때 복리 적립식 예금을 해 본 적이 있다. 복리란 이자에 또 이자가 붙는 구조이다. 예를 들어, 원금이 100만 원이고 이 금액을 이자율 3%로 1년 동안 예치하면 1년 후에는 103만 원이 된다. 이 경우 원금에 붙는 이자는 3만 원이지만, 이 3만 원을 포함해 다시 이자율 3%로 1년 동안 예치하면 1년 후에는 106만 9,000원이 된다. 그렇게 시간이 지날수록 복리 효과로 저축 금액은 크게 늘어난다. 처음에는 저공비행처럼 보일 수 있지만, 임계점에 도달하면 엄청난 폭발력이 생긴다.

하지만 아무리 좋은 것이라도 계속하지 못하면 결과를 얻지 못한다. 다이어트를 위한 운동이나 어학 공부 등을 보면, 처음에는 모

니시후쿠오카교회의 주일 예배 모습

두 의욕적으로 시작하지만 끝까지 지속하지 못하는 경우가 많다. 여유가 있거나 재미있으면 계속할 수 있지만, 일이 바쁘거나 시간이 없거나 계속해도 뚜렷한 성과가 나타나지 않으면 금방 그만두게 마련이다. 왜 계속하려는 의지가 있음에도 불구하고 포기하게 되는 것일까? 그 이유 중 하나는 즐겁지 않기 때문이다.

나도 성경 읽기, 기도, 찬양, 누군가와 함께 식사 교제를 하는 것이 즐겁지 않을 때가 있다. 의무감에 사로잡혀 어쩔 수 없이 해야 한다고 느낄 때도 있고, 그런 나 자신이 싫을 때도 있다. 야구선수 스즈키 이치로(鈴木一朗)는 "프로야구 2군에서 2년 차까지 야구는 즐거웠지만, 3년 차 이후의 1군 야구와 미국에서의 야구는 전혀 즐겁지 않았다"라고 말했다. 그래도 그는 꿋꿋이 견디며 인내해야만 좋은 결과를 얻을 것이라고 확신했던 것 같다.

규슈 지역 선교 사역으로 인해 교회 기도회에 부재한 적이 있다. 평소 내가 기도회를 인도하고 있었기 때문에 기도회를 잠시 쉬어야 할 상황이었다. 그런데, 한 일본인 성도가 목회자가 없어도 기도회를 계속하고 싶다고 하는 것이 아닌가! 기도회가 쉼 없이 계속되는 것을 하나님께서 기뻐하신다는 마음이 들었다. 이처럼 일본 선교가 아무리 괴로워도 꿋꿋이 견디며 인내한다면 길은 반드시 열리리라 생각된다. 이러한 기대감은 포기할 수 없게 하는 힘이 된다.

> 인내를 온전히 이루라 이는 너희를 온전하고 구비하여 조금도 부족함이 없게 하려 함이라 _약 1:4

7장
일본 선교와 감사

| **행복의 문턱을 낮출 때 찾아오는 감사** |

니시후쿠오카교회에서는 기도회나 주일 예배 설교 전에 한 가지씩 감사를 나누는 시간을 갖고 있다. "범사에 감사하라 이것이 그리스도 예수 안에서 너희를 향하신 하나님의 뜻이니라"(살전 5:18)의 말씀을 실천함으로써 얻는 유익과 은혜를 경험하기 위함이다. 처음에는 서로가 낯설어했지만, 지금은 어느 정도 정착되어 한 주간의 삶을 되돌아보며 자연스럽게 감사를 나누고 있다.

100세가 넘도록 현직 의사로서 일선 의료 현장에서 활동했던 히노하라 시게아키(日野原重明)는 "행복의 문턱을 낮추면 작은 일에도 기쁨과 감사를 느낄 수 있다"라고 말했다. 신실한 크리스천이었던 히노하라는 누구나 일상의 사소한 일과 배려를 통해 기쁨과 감사를 발견하고 풍성한 삶을 누릴 수 있지만, 자신이 불행하다고 느끼는 사람은 이러한 행복의 문턱을 낮추지 못하고 항상 자신과 타인을 비교한다고 했다.

실제로 뇌를 연구하는 학자들은 사람이 화를 내면, 뇌에 분노의 회로가 생겨서 더욱 화를 내기 쉬운 상태가 된다고 했다. 그것이 그 사람의 인격에 영향을 미쳐 결국 더 자주 크게 화를 내는 사람이 된다는 것이다. 그 반대도 마찬가지다. 작은 일이라도 감사하면, 뇌에 감사의 회로가 생겨 더욱 감사할 줄 아는 사람이 된다. 그렇게 되면 매 순간 감사하는 습관을 가지게 되고, 그에 걸맞는 인격을 가진 사람으로 변화한다. 무엇보다 그리스도인의 감사는 삶의 작은 일에서도 주님의 뜻을 발견하고, 예수님을 닮아 가려는 고백이지 않은가. 감사를 지속적으로 훈련할 때 주님께서 예비하신 행복과 기쁨을 경험할 수 있다. 그래서 진정한 감사는 상황에 대한 자신의 반응이 아니라, 스스로 생각하고 선택하는 의지이다.

우리 집 두 아이가 수족구병에 걸린 적이 있다. 하루 종일 임신한 아내와 아이들을 돌보면서 선교 팀을 맞이할 준비를 하다 보니 내 컨디션도 좋지 않았다. 이내 열이 39.1도까지 올라가 몸도 마음도 너무 힘들었다. 교회 모임과 사역을 쉬고 싶었다. 하지만 내 상황과 형편이 좋지 않다고 해서 그만두는 것을 예수님께서 원치 않으신다는 생각이 들었다. 잠시 행복의 문턱을 낮춰서 이 상황을 바라보았다. 아내와 둘째 딸이 건강한 것이 감사했고, 아픈 나와 딸을 위해 섬겨 주고 있는 아내에게 감사했다. 이러한 감사로 힘을 얻어 여러 모임과 사역을 감당했다. 신기하게도 사역을 마무리하고 나니 몸이 회복되었다. 내가 예상하지 못한 일들과 상황 가운데 주님께서 예비하신 은혜와 복이 많이 있음을 다시금 깨닫는다. 매 순간 행복의 문턱을 낮출 때 찾아오는 감사를 누리고 싶다.

> 나에게 이르시기를 내 은혜가 네게 족하도다 이는 내 능력이 약한 데서 온전하여짐이라 하신지라 그러므로 도리어 크게 기뻐함으로 나의 여러 약한 것들에 대하여 자랑하리니 이는 그리스도의 능력이 내게 머물게 하려 함이라 _고후 12:9

| **매일의 감사가 밥이다** |

매일 이른 아침에 습관처럼 하는 몇 가지 일들이 있다. 커튼 걷기, 쓰레기통 비우기, 식기 정리하기인데, 아내와 아이들이 일어나면 기분 좋게 하루를 시작하기 위한 나만의 작은 배려이다. 아주 사소한 일이지만, 어제의 크고 작은 실패 때문에 좌절과 낙심, 영적 침체로 잠시 휘청했더라도 오늘이라는 새로운 날을 주신 주님을 바라보게 한

다. 자연스레 오늘도 예수님과 동행하기로 다짐하고, 어떤 형편에서도 감사하며 살아갈 수 있기를 기도하게 된다.

예전과 달리 실패와 좌절, 방황은 하루면 끝나는 날이 많아졌다. 그러다 보니 유익함이 늘어났다. 오늘이라는 시간에 대한 내 마음과 자세가 사뭇 달라지며 우왕좌왕하거나 허둥대는 일이 줄어들었다. 매일의 삶 속에서 작고 사소한 일에 대한 감사가 얼마나 중요한지 깨닫는다. 얼마 전에 어느 일본인 목사의 설교 중에 인상 깊었던 말이 기억난다.

> "매일의 삶 속에서, 작고 사소한 일이라도 감사하는 훈련을 소홀히 하지 마세요. 이런 감사 훈련은 주님이 함께 계신다는 실제가 됩니다."

그리스도인의 자유와 기쁨은 매 순간 예수님과 동행하면서 누릴 수 있다. 하지만 그분과의 친밀한 관계를 감사라는 그릇에 담으면, 분명한 실제가 되어 우리 삶에 거룩한 시냇물처럼 흘러 넘친다. 이처럼 매일의 삶 속에서 작고 사소한 일에 대한 감사가 얼마나 중요한지 깨닫는다.

어린 나이에 불시에 찾아온 뇌성마비로 눈 깜빡이는 것 이외에 자기 힘으로 제대로 할 수 있는 게 없었던 **미즈노 겐조**(水野源三)라는 시인이 있다. 그는 자신의 암울한 처지에도 불구하고 일상의 삶을 통해 주님께 감사하기를 힘썼다. 그리고 밥을 먹듯 하나님과 가족, 그 외의 모든 것에 감사했다. 불구인 상태에서 36년이라는 시간을 살 수 있었던 것도 매일 주님께 감사하는 삶이었기에 가능했다.

그가 지은 시들을 보면 자신의 처지를 불평하거나 원망하거나 고통을 호소하는 말이 거의 보이지 않는다. 오직 함께 계신 주님을 바라보며 지금의 육신과 환경에 감사하는 말, 자신처럼 병으로 고통스러워하는 사람들을 위한 따뜻하고 배려 깊은 말들로 가득 차 있다. 그의 『감사는 밥이다』라는 시집에서 「눈과 귀」라는 시가 나에게 따뜻한 감동과 주님의 은혜를 누리게 해 준다. 그의 고백이 나의 고백이 되기를 기도한다.

눈과 귀

뇌성마비로 모든 것을 빼앗겼지만
하나님이 눈과 귀만은 지켜 주셨다
말씀을 읽도록, 말씀을 듣도록,
말씀으로 구원하시기 위해[9]

---

9   미즈노 겐조, 『감사는 밥이다』, 박소금 옮김 (서울: 선한청지기, 2014), 169.

| 감사는 살아가는 힘이다 |

추수감사주일 예배를 준비하면서 올 한 해를 돌아보았다. 감사의 고백보다는 후회와 아쉬움이 많이 남았다. 새로운 영혼들이 교회에 나왔는데 정착하지 못하거나, 구도자들이 예배에 참석하지 않는 모습을 볼 때마다 일본 선교의 한계가 느껴지기도 했다. 늘 예배와 행사 준비로 바빴지만, 예배당의 빈자리를 볼 때마다 목회를 제대로 하지 못했다는 자책감이 들었다. 또 내가 목회적 배려라고 생각했던 언행이 때때로 성도들에게 부담이나 불편함을 주었을지도 모르겠다는 생각도 들었다. 주님께서 기뻐하시는 교회를 세우기 위해 애쓰고 노력하는 것이 되려 성도들에게 부담을 준 것은 아닌지 걱정되었다.

성도들이 아프고 어려운 일을 겪는 모습을 보면서도 내가 뭔가 도와주지 못할 때면 무력감을 느꼈다. 그들을 위해 기도하지만, 주님께서 그 기도에 응답해 주지 않으시는 것 같아 기도의 능력에 대한 의심이 들기도 했다. 또한, 예상치 못한 일들로 당황하거나 의도치 않게 오해를 받을 때는 마음이 괴로워 잠을 이루지 못한 적도 많다. 그럴 때마다 상대방에게 더 자세히 설명하며 설득하고 싶지만, 주님께서 입을 막으시고 침묵하게 하실 때 답답한 마음이 들기도 했다. 게다가 아이들이 놀아 달라고 할 때, "아빠는 일해야 해"라고 하며 자주 거절했고, 저녁에는 가족과 시간을 보내야 함에도 일 준비로 서두르느라 빨리 재우려고 했던 것에 대한 미안함이 있었다.

이렇게 유난히 후회와 미안함이 많았는데, 어떻게 감사할 수 있을까. 그럼에도 불구하고 감사할 수 있는 것은 믿음 때문이다. 항상 부족하고 연약한 사람이지만, 이 믿음으로 인해 감사의 고백을 할 수 있음이 정말 놀라운 기적이다. 따라서 내가 겪는 어려움과 시련이 반드시 나쁜 일이라고 단정할 수는 없다. 시간이 지나면 그 어려움이 얼마나 유익했는지 깨닫게 되곤 한다. 마음에 감사와 기쁨이 사라졌을 때, 불만을 쉽게 내뱉지 않도록 주의함이 필요하다.

십자가의 복음을 알고 그리스도인의 자유와 기쁨이 있기에, 나는 이미 감사할 것이 많은 사람이다. 그러니 주님의 약속의 말씀을 붙잡고서 내 마음과 형편을 돌아보며, 어떤 상황에서도 감사하고, 주님의 말씀이 나와 나의 가정과 교회에 이루어지기를 전심으로 기도하려 한다. 주님은 나의 연약한 고백을 기뻐하시며, 어떤 상황에서도 나를 붙들어 주실 것이다. 그러므로 감사는 내가 살아가는 힘이다.

햇볕만 내리쬐면 그 땅은 사막이 되고, 추운 겨울이 있어야 기름진 땅이 된다. 그리고 나무도 가뭄 속에서 뿌리를 깊이 내린다. 믿음도 마찬가지이지 않겠는가! 주님에 대한 믿음은 어려움과 고난 속에서 더욱 깊어지게 마련이다. 한 해가 저물어 가면서 올 한 해 내가 받은 복을 세어 보는 것보다는 주님을 향한 내 믿음이 얼마나 깊어졌는지 되돌아본다. 마음앓이 하며 숨이 막힐 때도 있었지만, 그럴수록 하나님을 더욱 의지하게 되었다면, 그것이야말로 가장 감사해야 할 일이다.

> 또 무엇을 하든지 말에나 일에나 다 주 예수의 이름으로 하고 그를 힘입어 하나님 아버지께 감사하라 _골 3:17

| 늦은 저녁이 되어서야 |

아침저녁의 기온 차가 심해서 나와 내 아내, 아이들의 몸 상태가 좋지 않았다. 남편이며 가장, 그리고 선교사라는 책임감과 무게감에 짓눌려 하루하루를 분주하게 보냈다. 늦은 저녁, 아이들을 씻기고 밥을 먹인 뒤 잠이 든 것을 확인하고 나서야 한숨을 돌렸다. 그리고 혼자서 집 밖에 나와 멍하니 앉아서 잠잠히 예수님을 바라보았다. 이런 나를 주님께서 어떻게 보실는지, 죄송한 마음이 들었다.

온종일 이곳저곳을 돌아다니며 분주하게 움직였고, 신경 써야 할 일도 한두 가지가 아니었다. 주위를 둘러볼 겨를도 없이 정신없이 살다 보니, 왠지 모를 허무감이 몰려왔다. 지친 몸과 마음을 이끌고 겨우 책상 앞에 앉아 일기를 적었다. 무엇을 적으면 좋을지 전혀 생각나지 않았지만, 잠잠히 주님만 바라보는데 문득 「세상을 사는 지혜」

라는 찬양이 떠올랐다.

> 하늘을 볼 겨를도 없이 정신없이 세상을 살다가
> 마음의 먹먹함이 내 삶을 짓누를 때 그제서야 주님을 찾습니다
> 행복을 느낄 겨를도 없이 분주하게 세상을 살다가
> 인생의 허무함이 내 삶을 짓누를 때 그제서야 주님을 찾습니다
> 오늘도 여전히 주님은 그 자리에서 우리를 끊임없이 돌보시는데
> 부족한 내 영혼은 아직도 갈 길을 모릅니다
> 내게 믿음 주소서 내 연약한 마음 돌보소서
> 한없는 주님의 사랑 알게 하소서
> 영원까지 그의 백성 지키시는 우리 하나님 바라보며 살게 하소서

곡조에 맞춰 찬양을 부르다 보니, 말할 수 없는 은혜로 인해 눈물이 나왔다. 복잡하게 억눌렸던 감정들을 성령님께서 따스한 손길로 어루만지시는 것이 느껴졌다. 그로 인해 주님께 감사드리고 싶은 마음이 생겼다. 늦은 저녁이 되어서야 오늘 하루를 되돌아보며 감사했던 일들을 몇 가지 글로 남겼다.

- 아픈 아내 대신 설거지와 집 안 청소를 할 수 있게 해 주셔서 감사
- 아이를 차에 태우고 슈퍼마켓에 무사히 다녀오게 해 주셔서 감사

- 떼쓰고 우는 아이를 달래며 재울 수 있게 해 주셔서 감사
- 교회 성도들을 위해 기도하게 해 주셔서 감사
- 교회 예배당과 자료를 정리하게 해 주셔서 감사

실패가 감사로 바뀌는 은혜가 있는 곳

하루는 주일 예배 설교와 봉사를 마치고서 서둘러 비행기를 타고 오사카로 갔다. 오사카로 온 단기 선교 팀과 함께 노방 전도와 캠퍼스 사역을 하기 위해서였다. 물론 몸이 피곤하기도 했지만, 젊은 청년들과 함께 복음을 전할 수 있다는 기대감이 컸다.

청년들이 각자의 분주한 삶을 잠시 내려놓고 선교를 하러 오는 것은 결코 쉬운 결단이 아닐 것이다. 그래서 나는 주님의 놀라운 계획과 인도하심을 경험하는 시간이 되길 기도했다. 하지만 더운 날씨 가운데 온종일 전도지를 나눠 주었음에도 별다른 반응을 보이지 않는 일본 사람들 때문에 혹여나 마음이 상하지는 않았을까, 준비했던 사역과 계획이 물거품이 되어 낙심하지 않았을까 걱정이 되었다.

문득 여태껏 일본 선교를 하면서 겪었던 쓰라린 실패의 경험들이 떠올랐다. 서툰 일본어로 잘 모르는 사람들에게 전도지를 돌릴 때, "안 받아요"라고 차갑게 말하거나 건네받은 전도지를 멀리서 내던지

는 사람들의 모습을 볼 때 마음이 무거웠다. 그리고 온종일 전도를 해도 교회에 아무도 오지 않을 때면, '이런 일을 언제까지 해야 하나'라는 생각이 들기도 했다.

누구나 자신이 익숙하지 않은 곳에 가거나 가능성이 없는 일을 하는 것은 실패를 자초하는 것이나 다름없다. 하지만 누가 실패를 경험하고 싶겠는가? 열매와 성과가 없는 일에 시간과 노력을 허비하고 싶은 사람이 있겠는가? 일본 선교를 하러 온다는 것은 이러한 실패를 경험하는 것이라 생각한다. 일본 선교는 실패와 좌절의 연속이기 때문이다. 이러한 실패를 경험하다 보면 희망이 보이지 않아 쉽게 좌절하고 낙심하기 마련이다. 그러나 주님은 무모하게 보이거나 실패가 예상되는 일에 믿음으로 한 걸음 내딛기를 요구하실 때가 있다. 실패할 가능성이 큰 일이라 할지라도, 그 일을 피하지 않는 법을 배우는 것이 필요하기 때문이다.

실패를 통해서 주님의 뜻을 깨달을 수만 있다면, 실패에 대한 두려움보다 주님을 의지하려는 마음이 더 커질 수만 있다면, 실패하더라도 다시 일어설 수 있다는 걸 배울 수만 있다면, 실패를 통해 나와 함께 계신 예수님과의 친밀한 관계가 깊어질 수만 있다면, 실패의 의미는 분명히 달라질 것이다. 실패의 쓰라린 고통과는 비교할 수 없는 주님의 은혜와 사랑을 누릴 수 있기 때문이다. 실패가 감사로 바뀌는 은혜를 경험할 수 있는 곳이 바로 일본 선교이다.

아무것도 염려하지 말고 다만 모든 일에 기도와 간구로, 너희 구할 것을 감사함으로 하나님께 아뢰라 그리하면 모든 지각에 뛰어난 하나님의 평강이 그리스도 예수 안에서 너희 마음과 생각을 지키시리라

_빌 4:6-7

8장
일본 선교와 관계

| 일본 선교는 만남과 관계의 연속이다 |

 일본 선교를 하면서 많은 사람들을 만나 왔다. 일본 선교는 만남과 관계의 연속이다. 물론, 수첩에 빼곡히 채워진 사역 일정을 볼 때면 좀처럼 시간을 내기가 힘들다. 하지만 따뜻한 차 한 잔 나눌 여유만 있다면, 언제든지 깊은 교제를 나누고 싶다. 솔직히 나이가 들수록 여러 사람들과 만나고 관계를 맺는 것이 매우 신중해진다. 오랜만에 만나는 사람이라 하더라도 마치 어제 헤어진 것처럼 친근한 관계가 있는가 하면, 매번 만나는 사람이라도 부담스러운 관계가 있기 때문이다.
 나는 그때마다 상기하는 말이 있는데, **이치고 이치에**(一期一会)이다. 일본의 차도(茶道)에서 유래된 말로, 손님에게 따뜻한 차를 대접

니시후쿠오카교회 주변, 벚꽃이 만개한 어느 봄날

하며 오늘의 이 만남이 마지막일지도 모르니 이 순간을 소중히 하라는 말이다. 매번 만나는 관계일지라도 더 이상 만날 수 없을지 모른다는 마음가짐으로 대한다면, 인간관계는 분명 달라진다. 2005년경에 차도를 가르쳐 준 일본인 교사에게서 이 말을 배운 이후부터, 상대방이 좋은 의도를 가지든 나쁜 의도를 가지든 상관없이 모든 만남에 주님의 뜻과 인도하심이 있다고 생각했다. 그 때문에 상대방에게 사기를 당한 적도 있고, 힘들게 하던 어떤 사람 때문에 속이 상해 밤잠을 못 잔 적도 여러 번 있다.

무엇보다 꾸준히 쌓아 왔던 신뢰 관계가 한순간에 무너졌을 때는 상대방에게 비난을 받기도 했다. 나 자신의 한계와 무력감이라는 감정에 휘둘릴 때마다 나는 늘 '이치고 이치에'의 의미를 되새겼다. 세월이 지나고 보니 내 마음가짐이 이전보다 많이 달라져 있었다. 혹여 나를 힘들고 어렵게 하는 사람을 만나더라도, 그 원인이 내 연약함과 부족함에 있었다고 인정하며 용서를 구할 수 있는 용기가 생겼다. 이것은 정말 놀라운 변화이다.

게다가 지금은 '나는 상대방에게 어떤 사람으로 비추어질까?', '향기로운 그리스도의 사랑을 전하고 있는가?', '그리스도의 편지가 되었는가' 등을 자문하며 나를 되돌아본다. 물론 실수와 실패가 있고 나서 자기를 되돌아보는 것은 내 속에 거하신 예수님과 친밀한 관계를 맺고 있다는 믿음에서 비롯된 것이다. 앞으로도 내 안에 살아 계시는 예수님과 친밀한 관계를 소중히 한다면, 만나는 모든 사람의 관계도 소중하지 않겠는가. 그 관계 속에서 주님의 마음과 뜻을 깨닫는 은혜와 복이 있기를 기대한다.

> 아무에게도 악을 악으로 갚지 말고 모든 사람 앞에서 선한 일을 도모하라 할 수 있거든 너희로서는 모든 사람과 더불어 화목하라 _롬 12:17-18

예수로 이어진 관계

"일본 역사와 동아시아의 관계"라는 주제의 포럼에 참석했다. 계획된 일정은 아니었다. 알타이 선교회의 동료 선교사가 소개해 준 포럼이었고, 평소 한일 관계사에 매우 관심이 많아 연구해 보고 싶은 분야였기에 다른 일정을 제쳐 놓고 참석했다. 포럼의 발제인은 홍이표 교수였는데, 이전에 메이지 대학에서 한 번 만난 적이 있는 분이었다.

그는 '내지(內地)'라는 단어로 일본과 동아시아의 관계를 설명했다. 약 100여 년 전, 일본 중심의 세계관은 침략 전쟁과 동화 정책, 제국주의로 확대되었다. 이런 대의 명분을 내지(內地)라는 단어로 압축하여 외지(外地)와 구별 짓기 시작했다. 즉 일본 내지의 안전과 외지 확보를 위해 대동아와 탈아론[10]을 실현하고자 했던 것이다. '내지'라고 하는 하나의 단어가 주는 엄청난 영향력과 무서움을 다시금 깨닫게 되었다.

동시에 하나의 단어가 주는 구원과 희망이 있다고 생각했다. 바로 '예수'이다. 하나님은 예수라는 하나의 단어(이름)로 모든 나라와 민족과 인종의 담을 허무시고 화해를 이루셨다. 그리고 예수라는 이름으로 모인 사람들을 형제요, 자매요, 가족이라고 칭하셨다.

---

10 간단히 말해, '대동아'는 큰 동아시아 지역을 의미하고, '탈아론'은 아시아를 벗어나자는 주장이다.

때때로 일본 단기 선교차 니시후쿠오카교회에 방문해 예배와 교제를 하는 한국 사람들이 있다. 이들 중에는 일본에 처음 온 사람도 있고, 일본어를 전혀 못 하는 사람도 있다. 나는 이들에게 예배 때 신앙 간증과 찬양, 그리고 맛있는 음식을 만들어 달라고 부탁한다. 이들은 열심히 일본어를 연습해 오기도 하고, 도움을 주기 위해 무거운 짐과 재료를 챙겨 오기도 한다. 본 적도 없는 먼 곳의 크리스천들을 위해 자발적으로 섬기고자 하는 마음은 하나님을 믿는 믿음 없이는 도저히 설명할 길이 없다.

예수님 때문에 서로가 내지와 외지로 분리하거나 구별하지 않고, 서로 하나 되었다. 예수님께서 우리의 모든 죄를 십자가의 보혈로 대속해 주셨기에, 예수를 주로 고백하는 누구나 하나님의 형제요, 자매요, 가족이다. 그리고 우리 안에 계신 성령님을 통해 하나님을 '아버지'라고 부를 수 있다. 이것은 얼마나 엄청난 은혜와 복인가!

물론 일본 선교를 위해서는 넘어야 할 벽이 많이 있다. 하지만 한 가지만 분명히 있으면 충분하다고 생각한다. 바로 예수로 이어진 관계다. 우리는 그리스도의 십자가 사랑으로 복잡한 역사 문제와 언어, 문화의 벽을 뛰어넘는 경험을 할 수 있다. 언젠가 우리는 모두 천국에서 다시 만날 것이다. 그때는 국가와 민족, 언어의 장벽도 없어지고, 오직 하나님의 가족으로서의 풍성한 나눔을 자유롭게 누릴 수 있으리라 기대한다.

> 그는 우리의 화평이신지라 둘로 하나를 만드사 원수 된 것 곧 중간에 막힌 담을 자기 육체로 허시고 법조문으로 된 계명의 율법을 폐하셨으니 이는 이 둘로 자기 안에서 한 새 사람을 지어 화평하게 하시고 또 십자가로 이 둘을 한 몸으로 하나님과 화목하게 하려 하심이라 원수 된 것을 십자가로 소멸하시고 _엡 2:14-16

| 영원한 생명의 빵이신 예수님 |

일본에서 고급 식빵으로 알려진 '**노가미**(乃が美)'라는 빵집이 있다. 2013년 오사카에서 창업한 후 일본 전역에 체인점이 생길 정도로 유명하다. 노가미는 식빵을 만들 때, 최고급 밀가루와 재료를 사용하지만 계란은 일절 사용하지 않는다고 한다. 어제저녁, 일본인 동역자에게 노가미 식빵을 선물로 받았다. 직사각형의 큼직한 식빵인데, 겉보기에는 보통 빵과 별반 다르지 않게 보였다. 노가미에 대한 사전 지식이 전혀 없어서 그 식빵의 맛이 어떤지 잘 몰랐다.

하지만 아내와 딸과 함께 식빵 한 조각을 떼어 먹는 순간, 입에서 사르르 녹는 듯했다. 이렇게 부드럽고 맛있는 식빵을 먹어 본 적이 없다. 집 근처에 있는 노가미 빵집에 가 보니, 오픈 전부터 줄이 길게 서 있었고, 오픈하자마자 그날 준비된 수량이 모두 팔려 바로 가게

문을 닫는 경우도 있었다.

노가미는 식빵이 탄생하기까지 약 2년간, 다양한 밀가루와 재료의 배합, 굽는 온도와 시간 등을 조정하며 시행착오를 반복한 끝에 비로소 부드러움, 맛, 향기 등 모두가 만족할 수 있는 빵을 완성했다고 한다. 비록 식빵 한 덩어리가 약 900엔이나 하지만, 그 식감과 풍미는 많은 사람에게 큰 만족감을 줄 만했다.

나는 문득 자신을 '생명의 빵'이라고 하신 예수님의 말씀이 떠올랐다. "예수께서 그들에게 말씀하셨다. 내가 생명의 빵이다. 내게로 오는 사람은 결코 주리지 않을 것이요"(요 6:35, 새번역). 아무리 맛있는 빵이라도 일시적인 만족과 즐거움을 줄 뿐이지만, 예수님은 영원하고 참된 생명과 구원을 주신다. 하나님의 말씀이 육신이 되어 우리 안에 사신 예수님은 영원한 생명의 빵이시다. 그분은 우리의 죄와 사망의 멍에와 결박을 풀어 주셨고, 그 생명의 빵을 먹는 자는 결코 주리지 않는다고 하셨다. 이 세상에 그 어떤 빵의 맛과도 비교할 수 없는 만족감을 누릴 수 있으니, 얼마나 놀라운 은혜인가!

이스라엘 백성은 광야 생활에서 하루 먹을 것만 거두어들여야 했던 '만나'를 먹었다. 하나님은 만나를 통해 그들을 먹여 살리신 분이 바로 하나님 자신임을 깨닫게 하시면서, 사람이 빵(떡)만으로 살지 않고 주의 말씀으로 살아야 한다고 가르치셨다. 만나는 이들에게 하나님과의 친밀한 관계를 가르치는 훌륭한 음식이었다. 이렇게 40년 동안, 그들은 하나님의 보호하심과 인도하심을 실제 생활 속에서 매일 경험했던 것이다.

오랜만에 고향 집을 방문하면, 어머니는 손수 음식을 준비해 주곤 하셨다. 그 음식을 먹을 때면 어릴 때부터 어머니가 만들어 주신 음식을 먹고 성장했음을 깨닫고, 자연스레 감사의 마음이 밀려온다. 사람은 자신에게 음식을 만들어 준 이에게 감사를 잊지 않고 반드시 기억한다. 나를 위해 영원한 생명의 빵이 되신 예수님을 매 순간 기억하고 감사하는 것은 어쩌면 당연한 것이다. 그분과의 관계 속에서 진정한 만족감을 누리길 바라며 기도한다.

| **어떤 일이든지 처음은 있다** |

나는 내 자신의 믿음에 대해 고민이 많은 편이다. 그중에서 '오랫동안 교회에 다녔는데도 시험에 드는 이유는 뭘까?', '주님을 믿더라도 주변 사람들과의 관계에서 늘 어려움을 겪는 이유가 뭘까?'와 같은 매번 똑같은 신앙적 고민을 놓고 갈등하는데, 여기서 벗어나기를 간절히 바라지만, 스스로 나 자신을 변화시킬 수 없는 무능함에 좌절하곤 한다. 이런 고민은 나뿐만 아니라, 주님을 따르는 그리스도인들이라면 누구나 공감할 만한 솔직한 심정일 것이다.

내 인생 중 가장 밑바닥에서 절망하고 있었던 2013년 여름, 어느 목사의 설교를 듣고서 깜짝 놀랐다. 주님께서 나를 더 이상 종이나 하인으로 여기지 않으시고 친구로 여겨 주신다는 말씀이었다. "이제부터는 너희를 종이라 하지 아니하리니 종은 주인이 하는 것을 알지 못함이라 너희를 친구라 하였노니 내가 내 아버지께 들은 것을 다 너희에게 알게 하였음이라"(요 15:15). 여태껏 주님이 무섭고 두려운 존재였다면, 더 이상 그럴 필요가 없다는 말씀이었다. 이것이 내 신앙의 전환점이 되었다.

예수님과 친밀한 동행을 하고 싶은 갈급함이 생겼다. 마치 목마른 사슴이 시냇물을 찾듯, 매 순간 예수님과 동행하는 삶을 사는 사람들을 만나 교제하고 싶어졌다. 마침 예수 동행 일기를 나누는 사이트가 있는 것을 알고서 여러 나눔 방에 참가 신청을 했지만 아무도 받아 주지 않았다. 물론 모르는 사람과 자신의 사정과 내면의 고민을 나누는 게 쉽지는 않았을 것이다.

조금 실망하던 중에 뜻밖의 나눔 방에서 내 참가 신청을 받아 주었다. 나를 잘 알지 못하는 분들이라 아마 다소 낯설고 부담스러우셨을 것이다. 하지만 그들은 자신들이 예수님과의 동행하는 삶을 먼저 나눠 주었고, 때로는 내 일기에 격려의 댓글을 달아 주기도 했다. 이분들과 함께여서 예수 동행 일기를 계속 쓸 수 있었다. 예수님과 동행하는 삶을 함께 나눌 수 있는 공동체가 있는 건 정말 큰 행복이며 은혜였다. 나눔 방 맴버들과 첫 온라인 교제를 나눈 때가 있었는데, 다들 첫 만남이라 어떻게 하면 좋을지 어색해하길래 예전부터 마음에 담아 두었던 말을 전했다.

"어떤 일이든지 처음이 있다고 생각해요. 많이 긴장되지만 처음 일에 대한 추억은 잘 잊어버리지 않는 것 같습니다. 이 나눔 방은 제게 예수님과 동행할 수 있도록 섬겨 주신 첫 공동체입니다. 그 덕분에 제가 계속해서 예수 동행 일기를 쓸 수 있었네요. 이제야 그 고마운 마음을 전합니다. 정말로 감사합니다."

치열한 선교 현장에서 매일 주님과 동행하는 삶을 살기란 쉽지 않다. 그럼에도 혼자 싸우기보다 둘 이상 힘을 합치면 더 큰 용기를 낼 수 있듯이, 주님과 동행하는 신앙 공동체는 나에게 대단히 큰 힘과 용기를 주고 있다. 이분들을 만나게 해 주신 주님의 인도하심에 감사하며, 나도 누군가에게 예수님과 친밀히 동행하는 삶을 살도록 도우며 섬기고 싶다.

| **사랑의 빚을 진 자로서** |

한 사람이 태어나고 성장해 나가는 동안 많은 관계 속에서 빚을 지며 살아간다. 자연환경을 비롯해서 부모와 스승에게, 친구에게, 가

정과 학교, 다양한 공동체 속에서 크고 작은 빚을 지게 마련이다. 우리는 모두 누군가에게 사랑의 빚을 지며 살아가는 존재이다.

도쿄 성서학원(東京聖書學院) 졸업식이 있었던 날, 코로나19 때문에 졸업식에는 재학생과 졸업생, 교사들만 참석할 수 있었다. 그 이외의 가족과 지인들은 생방송으로 화면을 통해 그 광경을 지켜볼 수밖에 없었다. 오전부터 재학생들은 졸업식 준비로 분주하게 움직였다. 졸업식장 청소, 자리 배치, 간판 설치, 로비와 주차장 안내, 영상과 음향, 사진 촬영, 식사와 선물 등 각자 맡은 역할과 봉사를 계획대로 진행했다.

10명의 일본인 졸업생은 모두 밝게 웃는 얼굴이었지만, 때때로 눈물을 글썽이기도 했다. 눈물은 내면의 감정을 반영하는 거울이 아니던가. 그동안의 추억들이 교차하며 만감이 스쳤을 것이다. 우리는 그들을 안아 주었고, 어깨를 다독여 주었다. 졸업식 중간에 졸업생들이 앞에 나와 한마디씩 하는 시간이 있었는데, 그들은 한결같이 이렇게 말했다.

"제가 이렇게 졸업할 수 있었던 것은 수많은 분들의 기도와 섬김 덕분이었습니다. 앞으로 목회하는 곳에서 그 빚을 갚도록 하겠습니다. 여러분, 정말 감사합니다."

정말 그렇다. 자신의 약함과 부족함으로 낙심하여 다 포기하고 싶었을 때도 있을 것이다. 그러나 이들을 위해 많은 동역자와 후원자, 교회와 성도, 가족과 친구들의 섬김, 격려, 기도가 있었다. 오로지 자신의 힘과 능력만이 아니라, 누군가에게 빚을 지며 졸업하게 된 것이다. 나도 그중에 한 사람이지 않은가. 수많은 관계 속에서 사랑의 빚을 진 자로서 일본 선교의 현장에서 그 빚을 갚고 싶다.

> 피차 사랑의 빚 외에는 아무에게든지 아무 빚도 지지 말라 남을 사랑하는 자는 율법을 다 이루었느니라 _롬 13:8

제3부

그루터기의
시련과 아픔

9장
일본 선교의 몸부림

| **만약 내가 힘들지 않았다면** |

    2020년 3월 9일부터 일본 정부는 전국 공항과 항만을 통해 들어오는 관광객에 의한 감염병 방역 방침으로 무비자 입국 중단, 비자 효력 정지를 시행했다. 그리고 지역 간의 이동과 사람들과의 접촉도 제한하여, 우리 가족은 어쩔 수 없이 장인어른 댁에서 지내게 되었다. 2020년 3월부터 약 3개월간 아내의 고향인 나가노 **사카키**(坂城町)에 머물렀다.

    이미 돌아가셨지만, 아내의 할아버지는 크리스천이었다. 그가 남긴 유품을 보다가 한 권의 책이 보였다. 이 마을 출신인 어느 뇌성마비 시인의 시집이었는데, 그 시인의 이름은 미즈노 겐조였다. 그가 이곳 사카키 마을 출신이라는 것에 왠지 모를 친밀감이 느껴져서 그의 시집을 읽어 보았다. 그가 남긴 시는 하나님에 대한 감사와 찬양, 기쁨이 가득 넘쳐 있었다.

미즈노는 아홉 살 때 홍역과 고열로 뇌성마비가 되어 눈과 귀 이외에는 기능 부전이 되었다. 그는 누군가의 도움 없이는 일상생활이 불가능했다. 하지만 그의 어머니는 일본어 50음도를 벽에 붙여 놓고, 손가락으로 가리키는 글자 중에 미즈노가 원하는 글자를 짚을 때 눈을 깜빡이는 방식으로 한 자 한 자 모았다. 그것이 문장이 되고 시가 된 것이다. 그중에 「만약 내가 힘들지 않았다면」이라는 시가 있다.

만약 내가 힘들지 않았다면

만약 내가 힘들지 않았다면
하나님의 사랑을 몰랐을 테지
만약 많은 형제자매가 힘들지 않았다면
하나님의 사랑을 전하지 못했겠지
만약 주 되신 예수님이 고난받지 않으셨다면
하나님의 사랑을 나타낼 수 없으셨겠지[11]

미즈노 겐즈의 시집,
『이렇게 아름다운 아침에』

---

11 フォレストブックス編, 『こんな美しい朝に: 瞬きの詩人水野源三の世界』(いのちのことば社, 1990), 54.

그의 고백처럼, 만약 내가 힘들지 않았다면 하나님의 사랑을 몰랐을 것이고, 주위의 사람들이 힘들지 않았다면 하나님의 사랑을 전하지 못했을 것이다. 그리고 예수님께서 고난받지 않으셨다면 하나님의 사랑을 나타낼 수 없었을 것이다.

얼마 전에 딸아이가 갑자기 고열이 났다. 해열제를 먹였는데도 좀처럼 열이 떨어지지 않았다. 시름시름 앓고 있는 아이를 돌보면서 내 몸 상태도 안 좋아지기 시작했다. 몸이 으슬으슬 추웠고, 콧물과 기침도 심해졌다. 코로나 바이러스의 감염 공포로 인해 옴짝달싹 못 하고 나와 가족의 몸 상태도 좋지 않다 보니, 나 자신이 얼마나 무력하고 얼마나 주님의 은혜가 필요한 존재인지 새삼 깨닫게 되었다. 미즈노의 고백이 더욱더 내 마음에 깊은 심금을 울린다.

| 눈에 보이지 않는 영적 싸움 |

보이지 않는 코로나 바이러스를 의식하니 사람들의 일상생활이 많이 달라졌다. 손 소독과 마스크는 물론, 사회적 거리 두기, 리모트 워크(Remote Work), 비대면 회의와 업무 등을 시행했다. 일본 사회는 코로나 위중증과 사망률을 낮추기 위해 백신 접종을 적극 권장하는 분위기였지만, 각종 부작용과 휴유증이 있다고 하는 말 때문에 잠시 망설여졌다.

그래도 가족 중에 내가 가장 외부 활동이나 사람과의 접촉이 많았기에, 제일 먼저 백신을 맞기로 했다. 코로나 백신은 독성을 약화한 병원체를 체내에 주입하여 몸에 항체가 생기도록 하는 것이다. 이런 항체가 형성되면 실제 독성을 지닌 코로나 바이러스가 침입해도 신속하고 효율적인 면역 체계로 대항할 수 있다. 다행히 1차와 2차 접종 때는 별다른 부작용이 없어, 3차 접종도 괜찮을 거라 생각했다.

하지만 3차 접종 후 심한 두통이 오기 시작했고, 팔과 목이 심하게 결렸다. 열이 39도까지 올라가고 몸이 으슬으슬한 오한 기운으로 온종일 끙끙 앓아누웠다. 문득 '믿음의 영적 싸움도 이처럼 치열하지 않을까' 하는 생각이 들었다. 눈에 보이지 않는 바이러스를 의식하는 것만으로 일상의 삶은 확연히 달라졌다. 하지만 내가 더 조심해야 할 것은 눈에 보이지 않는 죄의 유혹과 마귀의 역사이다. "근신하라 깨어라 너희 대적 마귀가 우는 사자 같이 두루 다니며 삼킬 자를 찾나니"(벧전 5:8)라는 말씀처럼, 마귀는 눈에 보이지 않지만 우는 사자와 같이 삼킬 자를 찾아다니고 있기에, 정신을 바짝 차리고 깨어 있지 않으면 안 된다.

코로나 바이러스는 눈에 보이지 않는다. 그러나 감염된 확진자에게는 기본적으로 몇 가지 감염 증상이 나타난다. 감기와 마찬가지로 열이 나거나 기침을 하며, 후각과 미각을 상실하거나 두통을 겪는다. 물론 무증상도 있긴 하지만, 대부분 감염 증상을 알 수 있었다.

마귀의 역사도 마찬가지다. 눈에 보이지 않지만 몇 가지 증상이 나타난다. 은근슬쩍 거짓말을 한다. 쉽게 화를 내거나 불평을 한다. 은밀한 죄의 유혹에 빠져 있거나, 누군가의 말과 행동이 거슬리고 미워진다. 예배에 참석하기 싫어지고, 기도도 잘되지 않아 침울한 감정에 사로잡히고 만다. 모든 것이 무의미하게 여겨지고, 무얼 하려는 의욕도 점점 없어진다.

가끔씩 나도 모르게 '내가 왜 이런 생각을 하고 있지?' 하는 물음을 가질 때가 있다. 마귀가 언제 그런 생각을 넣어 주었는지 알 수는 없지만, 이러한 증상이 나타날 때마다 조심하고 있다. 하지만 마귀의 역사보다 더 강력한 성령의 역사에 집중해야 하지 않을까? 내 안에서 역사하시는 성령님은 나로 하여금 주님을 기쁘시게 해 드릴 것을 생각나게 하시고 실천하도록 이끄시는 분이시다. 비록 끙끙 앓아누워 있느라 힘들었지만, 설교 말씀과 찬양을 들으면서 잠잠히 주님을 바라보았다.

> 내 영혼아 네가 어찌하여 낙심하며 어찌하여 내 속에서 불안해하는가 너는 하나님께 소망을 두라 그가 나타나 도우심으로 말미암아 내가 여전히 찬송하리로다 _시 42:5

고통 중에 발견한 은혜

독감에 걸려 심한 두통과 오한, 기침으로 몹시 고생한 적이 있다. 평소에 건강 관리를 잘하고 있다고 생각했지만, 막상 병에 걸리고 보니 예상치 못한 불편함을 느꼈다. 특히 몸이 아프니 마음과 생각도 부정적으로 바뀌어 갔다. 선교 사역과 교회 일, 인간관계에서 있었던 사소한 말과 행동까지도 떠올라 낙심이 되기도 했다. 몸이 아프고 삶의 리듬이 무너져 버린 상태에서, 나는 그만 감사의 마음을 잃어버리고 찬양을 멈추고 말았다. 십자가의 은혜는 변하지 않았고 예수님도 여전히 함께 계셨지만, 나는 그분을 바라보지 않았고 감사하지도 않았다. 하나님께서 주신 은혜는 헤아릴 수 없이 크다고 생각했지만, 내 마음은 점점 무너지는 것 같아서 답답했다.

특히 나를 더욱 힘들게 했던 것은, 목요 기도회를 인도하지 못했다는 것이었다. 교회의 성도들은 기도회를 쉬라고 권했지만, 그러자니 마음이 너무 무거웠다. 독감 때문에 기도 모임을 인도하지 못하는 것이니 어쩔 수 없는 일인데, 내 상황에 따라 기도 모임이 영향을 받는다는 생각에 마음이 괴로웠다. 몸이 아픈 성도에게 무리하지 말라는 것은 어찌 보면 당연하다. 그러나 내 입장에서는 성도들에게 아파서 무기력한 모습보다 예수님과 늘 동행하는 모습을 보여야 한다는 부담감이 있었기에 마음이 더욱 무거웠던 것 같다.

하지만 내가 바라봐야 할 것은 오직 예수님이라는 것을 다시금 깨닫게 되었다. 독감으로 고생만 한 시간처럼 보일지 모르지만, 나에게는 분명 유익함이 있었다. 우리는 고난당할 때 쉽게 불평하고 원망한다. 몸이 아프거나 힘들 때 하나님을 향해 원망의 마음을 품기도 한다. 그러나 지나고 나면 고통스러웠던 순간들이 영적으로 유익했음을 깨닫게 되는 경우가 적지 않다. 만약 고통이 없다면 우리는 어리석은 행동을 멈추지 않을지도 모른다. 고통이 없다면 일평생 자기중심적인 교만 가운데 살게 될지도 모른다. 그러나 고통을 통해 생명의 주관자인 주님을 깊이 깨닫고, 평소에 건강하게 지낼 수 있었음에 감사하다.

어린 딸들도 독감으로 많이 힘들어했다. 하지만 아이들은 아플 때 더욱 크게 자라지 않는가. 나 또한 고난을 통해 영적으로 성장할 수 있기를 바란다. 우리가 마지막 날 주님을 대면할 때, 이 세상에서 우리에게 즐거움을 주었던 맛있는 과자나 달달한 사탕, 자랑스러운 성취나 명예로움 때문이 아니라, 고통과 고난 중에 발견한 은혜로 인해 주님을 찬양하게 될 것이라고 믿는다.

나는 이제 너희를 위하여 받는 괴로움을 기뻐하고 그리스도의 남은 고난을 그의 몸된 교회를 위하여 내 육체에 채우노라 _골 1:24

주여! 이런 나를 불쌍히 여겨 주소서

약 2년여 코로나 팬데믹 시기의 선교 사역 대부분이 비대면으로 이루어지다 보니 자연스럽게 활동량이 줄었다. 의자에 앉아 있는 시간이 많아지면서 그동안 축적된 체지방과 비만도가 정상치를 크게 웃돌았다. 30대까지는 왕성한 기력과 체력으로 사역을 감당했지만, 40대에 들어서면서 신체 기능이 위축되고 저하되는 것을 체감하게 되었다. 물론 건강 관리도 선교사의 중요한 책무 중 하나이지만, 그것이 생각처럼 쉽지 않았다.

최근 아내의 출산과 이사, 그리고 선교 사역의 변화 등 여러 일들이 나에게 위기감을 느끼게 했다. 여러 상황이나 환경, 관계에 대비해 민첩하게 대응할 준비를 해야겠다는 필요성이 절실히 느껴졌다. 이 위기감은 나에게 자발적으로 변화를 원하도록 만드는 중요한 동기부여가 되었다.

그 결과, 약 한 달 동안 체중 13kg을 감량할 수 있었다. 먼저, 한번에 많이 먹거나 늦은 시간에 식사하는 나쁜 습관을 고쳤다. 식단을 야채와 단백질 위주로 바꾸고, 꾸준히 운동하며 몸 관리를 철저히 했다. 지금은 요요 현상과 리바운드를 방지하기 위해 식단과 운동을 통해 건강 관리를 더욱 철저히 하고 있다.

물론 체중을 감량하는 과정이 쉽지는 않았다. 빈혈과 구토, 근육

통증과 부상을 경험하며 매 순간 먹고 싶은 욕구와 치열한 싸움을 했다. 또한 신학 공부와 선교 사역을 병행하며 체중 감량을 시도하는 것은 쉬운 일이 아니었다. 때로는 '굳이 이렇게까지 할 필요가 있을까?'라는 생각이 들기도 했다.

그동안 얼마나 건강 관리에 소홀했는지 반성하다 보니 수많은 일들이 주마등처럼 스쳐 지나갔다. 늘 힘들고 고통스러운 삶보다는 편안하고 순탄한 삶을 바라는 자신을 발견했다. 주기철 목사님의 일사각오의 설교가 떠올라, 나 자신에게도 동일한 질문을 던졌다. '이렇게 평생 힘들고 어려운 일들을 피해 다니다가 주님 앞에 섰을 때, 나는 무슨 낯으로 그분을 뵐 수 있을까?', '주님께서 너에게 준 고난의 십자가를 어찌하고 왔냐고 물으신다면, 나는 과연 무슨 말로 대답할 수 있을까?'

아무런 대답도 할 수 없는 내 모습이 부끄럽게 여겨졌다. 단지 주님께 "이런 나를 불쌍히 여겨 주소서"라고 지난날의 삶을 회개할 뿐이었다. 그리고 주님께서 나를 십자가의 길로 인도하실 때, 오직 믿음으로 나아갈 수 있는 용기를 달라고 기도했다.

> 이에 예수께서 제자들에게 이르시되 누구든지 나를 따라오려거든 자기를 부인하고 자기 십자가를 지고 나를 따를 것이니라 _마 16:24

무거운 돌과 고마운 돌

　오늘 한 부부와 만나 따뜻한 교제를 나누었다. 이 부부와 우리 가정은 약 7년간 신실한 동역 관계를 맺고 있다. 이 부부에게는 자폐증을 앓는 아이가 있다. 일반적으로 자폐증은 언어 발달 지연과 타인과의 의사소통에서 어려움을 겪는 특징이 있다고 한다. 자폐 진단을 받은 아이를 둔 부모의 심정이 오죽하겠는가. 남편은 육아 휴직을 내어 아이를 돌보고 있지만, 그 고생이 이만저만이 아니었다. 아이가 주위 환경과 상황에 민감했기에 밤새도록 잠을 자지 않아 날을 새는 일이 부지기수였다.

　또 자폐증을 유발할 수 있는 식품과 음식을 엄격히 제한해야 하다 보니, 부모들도 아이와 함께 제한된 음식만을 먹고 있었다. 특히 매달 적지 않은 치료비로 가계 형편은 어려운 상황이었고, 회사에서 육아 휴직을 언제까지 배려해 줄지도 불확실했다. 그럼에도 부부는 아이의 상태가 호전될 수 있다는 믿음을 가지고서 정성스럽게 돌보고 있었다. 몇 년 만에 아이가 저녁에 깊이 잠들었을 때의 감격을 잊을 수가 없다며, 그 날짜까지 정확히 기억하고 있었다. 사랑스러운 눈빛으로 아이를 바라보는 부부의 모습을 보니 마음이 뭉클해졌다. 아내분이 내게 물었다.

"하나님은 이런 상황을 우리에게 왜 허락하셨을까요? 우리에게 과연 어떤 의미가 있을까요?"

물론 나는 성경적 모범 답안을 말할 수도 있었지만, 그렇게 하고 싶지 않았다.

"잘 모르겠네요. 주님이 왜 이런 상황을 허락하셨는지, 이 상황이 어떤 의미가 있는지 저도 잘 모르겠습니다. 하지만 부모로서 최선을 다해 아이를 돌본다는 것이 얼마나 대단한 일입니까? 두 분은 세상 그 누구보다도 존경받을 자격이 있다고 저는 생각합니다."

이 말은 이전보다 더 깊어진 신앙과 인격을 보여 주는 두 분에 대한 나의 진심이었다. 옛날에 수심은 얕지만 물살이 센 강을 건널 때, 거친 물살에 휩쓸리지 않으려면 무거운 돌을 짊어지고 건넜다는 이야기가 떠올랐다. 어쩌면 그 돌은 거친 강물에 휩쓸리지 않도록 해 주는 고마운 돌일지도 모른다.

누구에게나 힘든 순간이 있다. 그러나 무거운 돌을 짊어지고 있는 사람에게 그 돌이 선물이라고 쉽게 말해서는 안 된다. 이들에게 필요한 것은 무거운 돌을 짊어지고 있는 사람과 늘 함께 있어 주는 진실한 사람이다. 우리는 그저 시간이 지나 그가 자기 삶을 돌아보며 "무거운 돌이 알고 보니 고마운 돌이었습니다"라고 고백할 수 있도록 기도해야 한다. 우리가 짊어진 십자가의 무게는 사람마다 다르다. 하지만 그 무게가 우리를 겸손하게 낮추고 성숙하게 만든다면, 그것은 세상에서 가장 고마운 선물일 것이다.

> 내가 가는 길을 그가 아시나니 그가 나를 단련하신 후에는 내가 순금같이 되어 나오리라 _욥 23:10

10장
일본 선교에 낙심될 때

| **기도 응답이 받지 못하는 이유** |

매월 믿음의 동역자들에게 선교 기도편지를 보낸 지도 벌써 4년이 지났다. 매번 선교 사역을 정제된 글로 담아내는 실력이 없어 한숨이 나오지만, 편지를 쓸 때마다 한 달간의 일들을 반성하며 주님의 은혜를 되돌아보게 한다. 기도편지를 보내면 믿음의 동역자들의 근황과 기도 제목을 들을 수 있다. 혹여 결혼이나 취업, 출산과 같은 좋은 소식을 듣게 되면 나 역시도 크게 기뻐하지 않을 수 없다. 그 과정에서 주님의 인도하심과 도우심을 기대하며 기도하기 때문이다.

하지만 그들에게서 곤혹스러운 문제와 시련, 특히 갑작스럽게 찾아온 질병으로 투병 중이라는 소식을 들으면 온종일 마음이 무거워진다. 잠시 눈을 감고 이들을 위해 기도하지만, 마음이 한없이 무거워

해야 할 일이 손에 잘 잡히지 않는다. 내가 해 줄 수 있는 일이 없고, 아무런 도움이 될 수 없다는 무력감을 느끼기 때문이다. 더 안타까운 것은, 그들의 문제를 위해 기도하긴 하지만, 과연 내 기도로 이들의 사정이 조금이라도 나아질 수 있을까 하는 의문이 든다는 것이다.

'왜 주님은 내 기도에 응답해 주지 않으실까?'

때로는 고통과 절망의 늪에 빠진 이들에게 "우리의 기도와 믿음은 바로 이때를 위해 있는 것이 아니겠습니까"라고 격려하기도 한다. 하지만 그러한 격려의 말이 허공에 맴도는 소리처럼 금세 사라져 버리는 것만 같다. 그래서 나도 기도의 능력이 있는 사람이면 좋겠다는 바람이 있었다. 하지만 나는 기도의 본질을 제대로 이해하지 못하고 있었다. 왜냐하면 내 기도는 내 요구에 대한 주님의 응답에만 초점이 맞춰져 있었기 때문이다.

일본의 대표적인 신학자이자 목회자인 **우치무라 간조**(内村鑑三)의 묘비명에는 "나는 일본을 위해, 일본은 세계를 위해, 세계는 그리스도를 위해, 그리고 모든 것은 하나님을 위해"라는 글이 쓰여 있다. 우치무라는 두 개의 'J'만을 사랑한다고 했는데, 하나는 'Jesus(예수)'이고 다른 하나는 'Japan(일본)'이었다. 그래서 그의 기도는 오직 예수님만을 생각하며, 온전히 순종하는 데 초점이 맞춰져 있다.

우치무라 간조의 묘비

예수를 생각하며 나는, 가난함에 슬퍼하지 않고 다른 사람의 부유함을 부러워하지 않네. 예수를 생각하며 나는, 오직 감사로 충만할 뿐이네. 예수를 생각하며 나는, 육신의 고난을 괴로워하지 않고 그 행복을 동경하지도 않네. 예수를 생각하며 나에게는 오직 평안과 만족만이 있네. 예수를 생각하며 나는, 일의 실패에 실망하지 않고 그 성공에 기뻐 날뛰지 않네. 예수를 생각하며 나는, 영원한 승리자라네….[12]

---

12 大塚野百合・加藤常昭(編集), 『愛と自由のことば』(日本基督教団出版局, 1995), 15.

우치무라의 고백은 오직 예수님만을 바라보며 그분의 삶을 따르고자 하는 마음에서 비롯되었다. 어떠한 상황과 환경, 고난 속에서도 그는 항상 함께하시는 주님만을 바라보길 간절히 원했다. 그러나 나는 늘 고난과 시련에서 빨리 벗어나고 싶어 했고, 눈앞의 문제가 빨리 해결되길 바랐다. 하지만 주님은 고난과 시련, 문제가 없어지기를 구하지 말고, 묵묵히 인내할 수 있는 힘과 용기를 구하라고 말씀하신다. 나는 주님께 바라고 요구하는 기도만 드렸지, 주님께서 내게 바라시고 요구하시는 것에 순종하는 기도를 구하지는 못했다. 비로소 내가 기도 응답을 받지 못하는 이유를 깨닫고, 회개했다.

> 그를 향하여 우리가 가진 바 담대함이 이것이니 그의 뜻대로 무엇을 구하면 들으심이라. 우리가 무엇이든지 구하는 바를 들으시는 줄을 안즉 우리가 그에게 구한 그것을 얻은 줄을 또한 아느니라 _요일 5:14-15

| **피곤하고 낙심한 내 영혼의 참된 위로** |

일본의 셰익스피어라고 불리는 **나쓰메 소세키**(夏目漱石)는 일본 최초의 국비 유학생으로 영국 유학을 마친 후, 도쿄제국대학 교수로

서 활동했다. 그러나 그의 화려한 삶 이면에는 고통과 슬픔이 가득했다. 그의 아내는 유산의 아픔을 겪은 후 결국 자살로 생을 마감했고, 나쓰메 자신도 천연두와 신경 쇠약 등으로 고통스러운 삶을 이어 가야 했다. 이러한 허무와 상실의 민감한 정서는 그의 작품 속에 고스란히 녹아 있다. 그의 대표작 중 하나인 『나는 고양이로소이다(吾輩は猫である)』에 있는 인상 깊은 문장이 떠오른다.

> 평안하게 보이는 사람들도 마음의 밑바닥을 두드려 보면 어쩐지 슬픈 소리가 난다.[13]

우리는 종종 겉으로는 아무 일 없는 듯 밝게 행동하면서도, 속으로는 깊은 슬픔을 감추며 살아간다. 그래서 때로는 따뜻한 위로와 격려의 말이 필요하다. "너무 조급해하거나 걱정하지 마. 조금만 견디면 좋아질 거야"라는 말은 조금 뻔하게 들릴 수는 있지만, 그 말에 진심이 담겨 있다면 큰 위로가 될 수 있다.

계절이 바뀌고 신선한 바람이 불기 시작하면서, 계절의 변화와 함께 내 몸과 마음도 변화하고 있음을 느꼈다. 그동안 적절한 휴식을 취하지 못한 탓에 피로가 누적되고, 좀처럼 의욕이 생기지 않는 날

---

13 夏目漱石『吾輩は猫である』(青空文庫, 2013).

들이 많아졌다. 하루는 그날의 일과를 마치고 책상 앞에 조용히 앉아 있었다. 해야 할 일을 끝냈다는 기쁨과 만족을 느껴야 했지만, 그렇지 못했다. 한 가지 문제가 계속 마음을 괴롭혔기 때문이다. 그 문제에 대해 신경 쓰느라 목덜미까지 아팠다. 그 문제를 생각하다 보니 마음이 소진된 느낌이었다. 이 모든 것에서 벗어나 잠시라도 어딘가로 떠나고 싶었다. 하지만 맡겨진 일과 해야 할 책임이 나를 붙잡고서 놓아 주지 않았다.

물론 그럴 때, 하룻밤 편히 잠을 자거나 여행을 통해 기분을 전환하는 것이 필요하다. 하지만 그러한 방법은 일시적이고 근본적인 해결책이 되지 못하기에, 나는 눈을 감고 조용히 작은 목소리로 "주님…"이라고 불렀다. 마음이 너무 지쳐서 더는 어떤 말도 이어 갈 수 없었지만, 내 모든 피로와 고통이 그 한마디에 담겨 있었다. 그 순간, 주님께서 "수고하고 무거운 짐 진 자들아 다 내게로 오라 내가 너희를 쉬게 하리라"(마 11:28)라고 말씀하심을 느꼈다. 그제야 내가 찾고 있던 참된 위로와 평안이 주님 안에 있음을 깨달았다. 언제나 따뜻하고 인자하신 주님과 함께 멍에를 지고서 그분과 동행할 때, 내 영혼은 비로소 평안을 되찾는다. 주님의 임재와 동행에 관한 사실이 피곤하고 낙심한 내 영혼의 참된 위로임을 고백한다.

그때 욱하는 감정에 왜 휘둘렸을까?

날씨가 쌀쌀해지면서 몸과 마음이 움츠러드는 듯한 느낌이 들었다. 애써 밝은 표정과 말투로 생활해 왔지만, 나도 모르게 작고 사소한 일에 민감하게 반응했다. 며칠 전, 임신한 아내와 딸을 차에 태우고서 이동한 적이 있다. 그러나 잘못된 차선에 들어서는 바람에 서둘러 비상 깜빡이를 켜고서 옆 차선으로 천천히 진입했다. 순간, 뒤 차량에서 경적이 크게 울렸다. '죄송하다'라는 의미로 비상 깜빡이를 켰지만, 계속해서 시끄러운 경적을 울려 댔다. 임신한 아내와 어린 딸이 타고 있는데 저런 위협적인 소리를 내니, 정말 화가 났다. 순간 욱하는 감정이 올라와 그 자리에 차를 세우고, 뒤 차량 운전사에게 가서 따져 물었다.

"지금 제 차의 비상 깜빡이 못 봤습니까? 그런데 왜 그렇게 위협적인 경적을 울립니까?"

일본에서는 차에서 내려 따지러 가는 경우가 매우 드물다. 그래서일까? 상대방도 홧김에 클랙슨을 울린 것에 미안하다고 했다. 적당히 수습하고서 차로 돌아왔는데, 아내와 딸의 얼굴이 매우 불안한 모습이었다. 그러고 나니 나도 온종일 마음이 무겁고 괴로웠다.

'그때 욱하는 감정에 왜 휘둘렸을까? 그냥 참고 넘어가면 되는데, 왜 굳이 그 사람에게 따지러 갔을까?'

평소라면 그냥 원만하게 참고 넘어갈 수 있었을 텐데, 이번에는 내가 좀 민감하게 반응했다. 그동안 여러 복잡한 상황과 관계, 사역으로 인한 스트레스와 분노가 마음속에 쌓여 있다가 엉뚱한 순간에 다이너마이트처럼 폭발한 것이었다. 내 속에 시퍼렇게 살아 있는 자아를 보게 되었다. 내 속에 있는 분노와 이기심, 고집, 그리고 내면의 깊은 상처와 교만함이 이런 일들 때문에 그대로 드러났다. 자칫 잘못해서 가족에게까지 상처와 아픔을 줄 수 있었다는 생각에 아찔했다. 이런 내 실상에 깊은 절망과 좌절감이 찾아왔지만, 나는 얼른 그리스도의 십자가를 바라보았다. 도무지 이해할 수 없는 십자가의 은혜와 사랑이 굳어진 내 마음을 녹였다.

기독교 신앙의 심장이자 정점인 십자가는 각고의 노력으로 다다를 수 있는 어떠한 경지가 아니다. 이미 예수님이 십자가에서 이루신 것을 내가 인정하는 것뿐이다. 내 자아의 죽음은 오직 주님만을 바라보는 것임을 믿음으로 받아들여야 한다. 내 자아는 예수님과 함께 십자가에서 죽었음을 선언하며 또다시 예수님만을 바라본다.

이와 같이 너희도 너희 자신을 죄에 대하여는 죽은 자요 그리스도 예

수 안에서 하나님께 대하여는 살아 있는 자로 여길지어다 _롬 6:11

| 낙심하기 쉬운 일본 선교를 감당할 수 있는 힘 |

일본에는 '고토다마(言霊)'라는 말이 있다. 이 말은 일본 고전인 『고사기(古事記)』와 시가집 『만요슈(万葉集)』에서 몇 가지 사례로 소개되고 있다. 즉, 말에는 영적 힘과 영향력이 있어서, 좋은 말을 하면 좋은 일이 일어나고 나쁜 말을 하면 나쁜 일이 일어난다는 것이다.

대개 일본인의 대화를 보면, 그들은 웬만하면 부정적인 말을 꺼리고 애매모호한 표현을 사용한다. 신중하게 말하고, 모든 가능성을 열어 두며, 분명한 데이터와 근거 자료로 예측한 뒤 긍정적인 방향과 결과로 끝맺음을 한다. 혹시 예상과 다른 결과가 나타나더라도, 계획을 수정하고 끊임없이 매뉴얼을 만든다. 결국, 모두가 납득할 수 있는 결과와 성과를 만들어 낸다. 이러한 '고토다마'의 정신이 일본인의 정서에 큰 영향을 미치고 있는지도 모른다.

나는 하루에도 수많은 메일을 보내면서 일본어 표현에 신경을 쓴다. 그리고 처리해야 할 사역, 학업, 일정 속에서 많은 일본어를 보고 듣는다. 좋은 일이나 결과가 있으면 기분 좋은 말을 하지만, 그렇지 않을 때는 무의식중에 짜증을 내거나 불평을 한다. 혹여 거친 말이

나 표현이 아내와 아이에게 상처가 될까 싶어 말을 삼키기도 하지만, 마음이 좀처럼 진정되지 않을 때도 있다.

보통은 빠듯한 일정 속에서 하루를 살지만 가끔 짧은 시간이 생길 때가 있다. 그럴 때면 아무 생각 없이 짤막한 영상이나 뉴스를 본다. 좀 더 긴 여유가 주어지면 마찬가지로 핸드폰으로 뉴스를 읽거나 이슈 관련 영상을 시청한다. 그렇게 하루를 보내고 저녁에 아이를 재운 뒤에는, 아내와 단둘이 보낼 수 있는 시간이 있어도 대화할 마음이 잘 생기지 않는다. 몸과 마음이 피곤해서 하루를 되돌아볼 기력조차 없기에 그저 잠자리에 들기 일쑤다.

그런 내 모습을 되돌아보며 '주님은 나를 어떻게 바라보실까?' 궁금했다. 비록 주님께 죄를 지은 것은 아니지만, 내게 주어진 오늘이라는 시간을 소중하게 여기지 못했다는 판단이 들었다. 오늘 하루는 주님께서 주신 귀한 선물이며, 그 하루가 하나님 앞에 쌓여 가는 시간이라는 사실을 깨닫지 못한 것이다.

오늘 내가 듣고 보는 수많은 말과 글 속에서 주님의 음성을 듣고 분별하는 훈련이 필요하다. 말씀이 육신이 되어 내 안에 오신 예수님과 친밀한 대화를 소홀히 해서는 안 된다. 그분의 은혜와 진리가 내 안에 충만하다면, 낙심하기 쉬운 일본 선교를 감당할 수 있는 힘이 생길 것이다.

말씀이 육신이 되어 우리 가운데 거하시매 우리가 그의 영광을 보니
아버지의 독생자의 영광이요 은혜와 진리가 충만하더라 _요 1:14

| 나는 나답게 산다 |

2020년 10월, 스가 요시히데(菅義偉)가 총리가 된 후, 세계 주요 도시 여섯 곳의 휴대전화 요금 순위에서 도쿄가 가장 높다는 근거를 대며 "일본의 휴대전화 요금은 너무 비싸다"라는 말이 나왔다. 그래서 대표적인 통신사인 도코모, AU, 소프트뱅크, 그 외 회사들은 서둘러 요금을 인하하며 서로 경쟁하기 시작했다.

일본 선교를 하면서 통신 비용이 만만치 않았는데, 가뭄에 단비가 내리는 듯한 소식이었다. 재빨리 여러 통신사의 약정 요금을 비교해 봤는데, 그중 라쿠텐 모바일이 300만 명 한정, 1년간 무료라는 파격적인 요금제를 시행하고 있었다. 서둘러 아내와 상의한 후, 요금제를 라쿠텐 모바일로 변경하기로 했다. 물론 타사보다 전파 속도와 통화 음질 등이 안 좋은 단점도 있었지만, 생활비를 많이 절약할 수 있는 이점이 있었다.

여태껏 사용해 온 도코모 약정 해지와 위약금, SIM 카드 해제와 변경, 주문까지 많은 시간이 걸렸다. SIM 카드는 핸드폰의 기능과 역

할을 하기 위한 핵심인데, 답답한 마음으로 SIM 카드가 도착하기를 기다렸다. 손톱 크기만 한 SIM 카드가 없으면, 아무리 비싸고 좋은 핸드폰이라도 쓸모가 없다. SIM 카드가 있어야 핸드폰을 제대로 사용할 수 있었다.

파스칼은 "모든 사람에게는 오직 하나님만이 채우실 수 있는, 하나님께서 만드신 공간이 있다"라고 말했다. 이것은 어떠한 피조물로도 채울 수 없고, 오직 예수 그리스도를 통해 하나님만이 채워 주실 수 있는 공백이다. 인생에서 가장 중요한 것이 무엇인지 되돌아보지 않고 주위를 돌아볼 겨를도 없이 분주한 삶을 지내다 보면, 허무함을 느끼는 이유이기도 하다. 그래서 똑똑한 머리와 잘생긴 얼굴, 괜찮은 직장과 집을 가지고 살더라도 예수 그리스도가 없는 삶은 허탈하고 공허할 뿐이다.

우리 마음의 공간은 마치 핸드폰의 SIM 카드와 같다는 생각이 들었다. 예수 그리스도가 없는 내 삶을 되돌아볼 때 여태껏 애쓰는 수고와 얽히고설킨 일들은 모두 실망뿐이다. 성경도 그렇게 말하고 있지 않은가!

> 사람이 해 아래에서 행하는 모든 수고와 마음에 애쓰는 것이 무슨 소득이 있으랴. 일평생에 근심하며 수고하는 것이 슬픔뿐이라 그의 마음이 밤에도 쉬지 못하나니 이것도 헛되도다 _전 2:22-23

그럼에도 불구하고 내가 나답게 살아갈 수 있는 것 또한 내 안에 예수 그리스도께서 계시는 믿음 때문이다. 이러한 믿음을 주신 것도 모두 주님의 은혜이며, 하나님의 크신 손안에 내가 있음을 되새긴다. 문득 미즈노 겐조의 「산다」라는 시가 떠오른다.

산다

하나님의 크신 손안에서

달팽이는 달팽이답게 기어가고

닭의장풀 꽃은 닭의장풀 꽃답게 피고

청개구리는 청개구리답게 울고

하나님의 크신 손안에서

나는 나답게 산다[14]

2013년경에 갑자기 찾아온 하반신 마비와 공황 장애로 심신이 휘청거렸던 적이 있다. 그렇게 영혼의 어두운 밤을 걷고 있을 때, 하나님의 크신 손이 나를 붙들어 주셨다. 그 이후 내 마음속에 함께 계신 예수님을 바라보면서 내 삶에 놀라운 변화가 있었다. 그리고 주님은

14　フォレストブックス編, 「こんな美しい朝に: 瞬きの詩人水野源三の世界」(いのちのことば社, 1990), 8.

내 삶을 일본 선교로 이끌어 가셨다. 여러 실망과 좌절을 경험했지만, 그럴 때마다 하나님의 크신 손안에 내가 있음을 되새긴다. 내가 나답게 일본 선교를 하는 방법은 오직 내 안에 계신 예수님과 친밀히 동행하는 것이다.

11장
십자가의 용서와 회개

| **5개월 치 생활비** |

어릴 적부터 나는 주위 사람들의 부탁을 쉽게 거절하지 못했다. 왜냐하면 내 거절로 상대방의 감정을 상하게 하거나 불편한 관계를 만들고 싶지 않았기 때문이다. 남의 부탁을 들어주는 것은 마치 내가 착한 사람인 것 같은 느낌을 주기도 했다. 하지만 나는 도리어 그것에 심한 스트레스를 받고 힘겨워했다.

어느 날, 어느 한국 출판사에서 연락이 왔다. 회사 대표의 저서를 일본어로 번역해 달라는 것이었다. 그 책의 분량은 약 140쪽이었고, 매일 3시간씩 번역을 해도 일주일이면 충분히 할 수 있는 작업이었다. 그러나 책의 내용이 내 마음을 무겁게 하는 부분이 많아서, 며칠간 고민한 끝에 정중하게 번역 요청을 거절했다. 그런데 회사 대표는

다른 제안을 했다. 만약 회사 대표의 책 번역을 맡아 주면 충분한 보상을 해 주겠다는 것이었다. 그 금액은 현재 우리 가족의 5개월 치 생활비에 해당하는 금액이었다. 순간 마음이 흔들리면서 여러 가지 생각들이 떠올랐다.

'그렇게 어려운 일도 아니고, 상대방이 이렇게까지 제안하는데 거절할 이유가 있을까?'
'전혀 생각지도 못한 이런 일이, 어쩌면 주님이 우리 가정을 위한 선물이 아닐까?'
'힘든 가정 형편에 큰 보탬이 되는 것, 남편으로서 해야 할 역할이 아닐까?'

내 나름대로 합리적인 판단과 결정을 하려던 순간, 한 구절의 말씀이 떠올랐다. "사람이 각기 자기의 소견에 옳은 대로 행하였더라"(삿 21:25). 주님은 여전히 상황과 관계, 조건에 따라 일희일비하는 나를 지켜보고 계셨다. 만약 그 일이 정말로 주님의 뜻이라면, 나는 돈을 받지 않고 번역을 했을 것이다. 아니, 내가 몇 번이고 연락을 해서 그 일을 맡겨 달라고 부탁했을 것이다. 그러나 내 실상은 5개월 치 생활비에 드러나고 말았다. 주님께 정말 부끄러운 마음으로 회개했고, 아내에게도 솔직하게 이야기했다. 그리고 다음과 같은 메시지를 보냈다.

답변이 늦어서 정말 죄송합니다. 대표님의 정성스러운 배려와 제안에 대해 생각할 시간이 필요했기 때문입니다. 사실, 대표님께서 제안하신 번역료와 이후의 관계를 생각하면 쉽게 거절할 수 없었습니다. 그러나 곰곰이 기도하던 중, 주님께서는 제가 아닌 다른 분에게 맡기는 쪽이 좋겠다는 마음을 주셨습니다. 부족하나마 대표님의 일에 도움이 될 수 있으면 좋겠으나, 그러하지 못한 점 진심으로 죄송합니다. 저의 이런 결정을 대표님의 넓은 아량과 인격으로 존중해 주시리라 생각합니다. 저 또한 대표님의 일과 건강을 위해 기도하며, 언젠가 한번 만나 뵙기를 기대합니다.

돈을 사랑함이 일만 악의 뿌리가 되나니 이것을 탐내는 자들은 미혹을 받아 믿음에서 떠나 많은 근심으로써 자기를 찔렀도다 _딤전 6:10

| **내 안의 가룟 유다** |

매일 일본어를 사용하다 보니, 나도 모르게 애매모호한 표현을 많이 하게 되는 것 같다. 물론 개인차가 있지만, 일본인들은 대체로 이런 경향이 강하다. 사소한 부분에서도 상대방과의 관계를 고려하며

그 사정을 배려해야 하기 때문이고, 본심과 감정을 드러내지 않는 것이 자신을 지키고 관계를 유지하는 데 도움이 되기 때문이다. 그래서 일본인의 말 이면에 담긴 의미를 잘 읽어 내는 것이 중요하다. 이런 분위기를 제대로 읽지 못하는 사람을 일본어로 'KY(분위기를 읽지 못하는 사람)'라고 부른다.

하지만 이러한 애매모호한 표현은 때로 내 상황과 입장을 정직하게 말하기 어렵게 만드는 장벽이 되기도 한다. 때로는 은근슬쩍 변명하여 상황을 모면하고 싶은 마음이 생길 때도 있다. 특히, 아내에게 솔직하게 사과하기보다는 어중간한 사과와 변명으로 오해와 갈등을 낳은 때도 있었다. 자기 말과 행동에 울타리를 치는 것은 공동체 전체를 위한 보호 수단이지만, 애매모호한 표현이 습관 되면 그것이 결국 겉과 속이 다른 이기심과 욕심, 이중적인 모습을 만드는 위험이 있다. 그 대표적인 성경의 인물이 예수님을 팔아넘긴 가룟 유다라 할 수 있다.

가룟 유다는 겉으로는 가난한 사람들을 생각하는 듯한 말을 했지만, 실제로는 돈을 훔치는 죄를 짓고 있었다. 예수님은 그 안에 있는 악한 마음과 욕심을 알고 계셨다. 그래서 그에게 계속해서 회개할 기회를 주셨지만, 그는 이를 거부했다. 결국 가룟 유다는 예수님을 은화 30냥에 팔아 버렸다. "제자 중 하나로서 예수를 잡아 줄 가룟 유다가 말하되 이 향유를 어찌하여 삼백 데나리온에 팔아 가난한 자들에게 주지 아니하였느냐 하니 이렇게 말함은 가난한 자들을 생각함이 아니요 그는 도둑이라 돈궤를 맡고 거기 넣는 것을 훔쳐 감이러라"(요 12:4-6)의 말씀이 온종일 내 마음속에서 떠나지 않았다.

겉으로는 합리적이고 옳은 말을 하지만, 내 속에는 이기심과 욕심이 없는지 돌아보았다. 은근슬쩍 자기 합리화를 하는 것과 구구절절 자기변명과 핑계를 대는 일 등. 주님께서 내 안에 있는 가룟 유다와 같은 모습을 지적하시는 듯하여 회개하는 마음으로 기도했다.

"주님, 제 마음속을 알고 계시는 주님을 제가 어떻게 속일 수 있겠습니까. 제 안에 있는 가룟 유다와 같은 모습을 용서하여 주옵소서. 저의 애매모호한 표현과 말투가 자기변명과 핑계가 되는 것이라면, 거부할 수 있는 용기를 주옵소서. 제 마음의 진실함을 기뻐하시는 주님의 뜻에 따라 진실되게 말하게 하옵소서."

| 대수롭지 않게 생각했던 일들 |

석 달째, 오른쪽 목과 머리 쪽으로 퍼진 피부염이 좀처럼 낫지 않았다. 피부 염증 질환의 증상과 원인은 각기 다양하지만, 시간이 지나면 자연히 나을 것 같아서(그러길 바라며) 그냥 방치했다. 그러나 날씨

가 점점 추워지면서 피부도 건조해지고 갈라지기 시작했다. 결국 어쩔 수 없이 피부과에 가서 진단을 받았다.

의사는 날씨가 더워지고 땀이 많아지는 여름에 피부사상균이라는 곰팡이나 벌레균이 피부에 기생했는데, 그 부위를 손톱으로 긁어서 피부염이 생긴 것이라고 설명했다. 그리고 하루에 한 번 항진균제 연고를 꾸준히 바르면 치료할 수 있다고 했다. 의외로 간단한 치료법에 놀라기도 했지만, 그동안 피부염 때문에 신경 쓰고 불편했던 일들을 떠올리니 후회감이 밀려왔다.

'왜 진작 피부과에 가지 않았을까?'

주님은 이 피부염을 통해 내 영적 상태를 돌아보게 하셨다. 대수롭지 않게 여겼던 말과 생각들을 방치하면, 그것이 얼마나 심각한 상태로 이어질 수 있는지 깨닫게 하셨다. "적은 누룩이 온 덩이에 퍼지느니라"(갈 5:9)의 말씀을 통해, 나는 그동안 내가 대수롭지 않게 여겼던 일들이 있었는지 되돌아보았다.

힘든 가정 살림에 한탄했던 일, 아내에게 늘 피곤하다고 말했던 일, 딸이 책을 정리하지 않는다며 짜증을 냈던 일, 은밀한 죄를 끊지 못하면서 예수님과 함께한다고 고백했던 일, 남을 미워하면서 자신은 용서받고 구원받았다고 감사했던 일, 고난은 싫고 고통은 두려우면서 하나님 나라에 대한 소망을 설교했던 일 등…. 이렇게 대수롭지 않게 여겼던 일들이 내 영적 상태를 얼마나 건조하게 만들었는지 깨달았다. 아무리 사소한 일이라도 방치해 두면, 그것이 결국 심각한 영적 질병으로 이어질 수 있다는 생각이 들었다. 목과 머리에 퍼진 피부염도 하루에 한 번 항진균제를 꾸준히 바르고 관리하면 나을 수 있는 것처럼, 매일 그리스도의 십자가 앞에서 용서를 구하고 회개함으로 일본 선교를 되돌아보는 것이 얼마나 중요한지를 깨닫는다.

> 그러므로 어디서 떨어졌는지를 생각하고 회개하여 처음 행위를 가지라 만일 그리하지 아니하고 회개하지 아니하면 내가 네게 가서 네 촛대를 그 자리에서 옮기리라 _계 2:5

| 딱딱하게 굳어진 내 마음 |

한 달간 신학 연구 발표 준비로 분주했다. 옛 문헌과 자료를 일본어로 번역하는 것은 상당한 시간과 노력이 필요했다. 내 생각과 주장을 학술적인 언어로 표현하는 것이 그리 쉽지 않기 때문이다. '왜 내게는 말솜씨나 글재주가 없을까'라는 생각도 해 보았지만, 결국 내 마음만 더 무거워졌다. 여러 일정에 쫓기다 보니 한 달 넘게 예수 동행 일기를 쓰지 못하면서 마음이 점점 더 무겁게 느껴졌다. 일기를 쓰는 일이 그렇게 중요한 것도 아니고, 보는 사람도 없으니 굳이 써야 할까 하는 생각이 들었다.

예전에 급성 간염에 걸려서 고생한 적이 있다. 당시 의사는 간이 '좋아졌다 나빠졌다'를 반복하며 염증이 오래 지속되다 보면 서서히 굳어지게 되고, 제대로 관리하지 않으면 결국 간경화로 발전할 수 있다고 경고했다. 간경화 초기 증상은 충분히 쉬어도 피로가 풀리지 않고 식사를 해도 속이 더부룩한 불쾌감을 느끼게 되는 것이라 했는데, 의사의 말처럼 날마다 몸이 점점 더 무거워졌다.

이러한 증상이 내 마음에도 나타나 적신호가 켜졌다. 매번 마음이 점점 돌처럼 굳어 가는 것을 경고하는 성령님의 음성을 무시하고 있었다. 매 순간 주님은 내 마음과 생각, 말과 행동이 딱딱하게 굳어지지 않도록 말씀하셨지만, 나는 그 음성을 듣지 않았다. 그런 내 모습을 주님께서 기뻐하지 않으신다는 사실을 알면서도, 내내 귀를 막고 있었던 것에 후회감이 밀려왔다.

내 마음과 믿음이 무너지고 있다는 것을 가장 잘 아는 사람은 바로 나 자신이다. 마음의 열정이 사라지고 쉽게 지치거나 원망과 낙심이 쌓이는 것은, 성령님을 의지하지 않고 내 힘과 고집으로 살아가기 때문이다.

성령님의 인도하심을 무시하고 있음에도, 외적으로 일본 선교를 성실히 하고 있다고 평가받는 경우가 있다. 이것은 정말로 두려운 일이다. 성령님의 인도하심을 따르지 않는 선교사라도 사람들 앞에서는 얼마든지 좋은 선교사인 척할 수 있다. 그러나 그 속마음과 동기를 보시는 주님을 어떻게 속일 수 있겠는가. 주님은 말씀을 통해 마음이 돌같이 굳어지는 것을 조심하라고 경고하신다. 온종일 주님께 회개 기도를 드리며, 딱딱하게 굳어진 내 마음을 부드럽게 해 달라고 간구했다.

> 그러므로 성령이 이르신 바와 같이 오늘 너희가 그의 음성을 듣거든 광야에서 시험하던 날에 거역하던 것같이 너희 마음을 완고하게 하지 말라 _ 히 4:6-7

| 어떤 회의든지 주님을 의식하자 |

일본 사회와 조직에서는 아무리 작고 사소한 문제일지라도 대개 혼자서 결정하지 않고 구성원들과 함께 회의를 해서 결정한다. 그래서 일본 선교를 하다 보면 다양한 회의에 참석하게 된다. 특히 교회 내에 결정할 일이 많으면 많을수록 회의를 자주 하고, 결정하기 어려운 일이 생기면 몇 번이고 회의를 반복한다. 하지만 나는 이런 회의가 정말 힘들다. 그리고 회의가 끝나면 급격히 피곤해진다.

때로는 회의를 빨리 끝내고 싶어서 동의하지 못하는 부분도 다수의 의견에 맞춰 손을 들어 주기도 한다. 또한 말주변이 좋고 주장이 강한 사람의 의견에 힘을 실어 준 적도 있다. 내게는 어느 쪽을 결정하더라도 큰 문제가 없어 보이는 일인데도, 회의에 참석한 일본인들은 대부분 진지하게 자신의 목소리를 낸다.

'굳이 저렇게까지 할 필요가 있을까?'

얼마 전, 어느 회의에서 한 일본인 형제가 자기 의견을 강하게 주장했다. 그 형제는 능숙한 말재주로 그럴듯한 이유와 근거를 대며 자기 의견을 어필했다. 겉으로는 진리나 순수, 거룩의 가치를 내세워 주장을 하고 있었는데, 과연 그 속내는 어떠할까? 그는 옳은 말을 하는 듯했지만, 행동보다 말이 앞선 주장이라는 생각이 들었다. 그리고 그의 강한 주장에 기분이 나빠진 나는 끝까지 반대 의견을 냈다. 결국 회의장은 의견 대립과 갈등의 분위기로 이어졌고, 서로의 감정도 상하고 말았다. 이 문제로 인해 주일 사역과 설교 준비를 하는 내내 속이 상해서 도저히 집중할 수가 없었다.

'그냥 그러려니 하고 넘어가면 되는 것을 왜 굳이 반대 의견을 냈을까?'

'앞으로 이런 문제에 대해 내가 어떻게 대처하면 좋을까?'

며칠 후, 하나님께서 주신 말씀을 통해 용기를 얻고, 그 형제에게 가서 "그때 제가 당신 말투에 기분이 상해서 끝까지 반대 의견을 냈습니다. 정말 미안합니다"라고 용서를 구했다. 그 형제도 본의 아니게 기분을 상하게 한 점에 대해 사과했다. 그리고 우리는 서로를 부둥켜안고 함께 기도하며 회개했다. 이 일을 통해 나는 몇 가지 큰 교훈을 배우게 되었다. 아무리 좋은 의견도 강한 주장을 하게 되면, 상대방의 감정을 상하게 한다는 것과 두세 사람이 주님의 이름으로 모인 곳에 예수님도 함께 계신다는 것이다.

실제로 교회에서 회의를 하다 보면, 서로 간의 신앙의 온도와 생각이 다르기 때문에 좀처럼 의견이 모아지지 않는 경우가 많다. 매달 정기 회의가 끝난 뒤에는 심신이 너무 지쳐 버리곤 했다. 물론 모든 회의 과정은 교회의 머리 되신 예수님의 뜻을 발견하고 순종하는 것이지만, 각자의 의견에는 주님의 뜻이 있을 수도, 없을 수도 있다. 그래서 어떤 회의든지 함께 계시는 예수님을 의식하고, 만약 그분이라면 어떻게 하셨을지 함께 고민하는 자세가 필요하다.

두세 사람이 내 이름으로 모인 곳에는 나도 그들 중에 있느니라 _마 18:20

일본어 설교의 고뇌

| **작고 볼품없는 연못** |

와타나베 젠다(渡辺善太)는 신학자이자 설교자로서 많은 전도자를 양육한 인물이다. '일본인 목사의 설교' 하면 대개 원고를 그대로 읽는 무미건조한 설교라고 생각하기 쉽지만, 와타나베 목사의 설교는 유머가 넘치며, 때로는 청중들로 하여금 폭소를 터트리게 만든다. 동시에 그의 설교는 청중의 상상력과 통찰력을 자극하면서 하나님의 말씀을 전한다. 와타나베 목사는 성경 말씀을 전할 때 다음과 같이 비유하며 설명한다.

"연못에 비친 달(池に映った月)"

연못에 비친 달은 진짜 달이 아니기에 연못을 건드리면 달이 흐려지지만, 그 연못에 비친 달은 하늘에 실제 달이 존재함을 가르치며 진짜 달이 있음을 증명한다. 따라서 연못에 비친 달을 본 사람이 고개를 들어 하늘을 보면 진짜 달을 볼 수 있다는 것이다.

그의 비유는 일본인의 문화와 감성에 맞춰 설교를 풀어내는 좋은 예라고 생각한다. 실제로 연못에 비친 달을 보면, 진짜 달이 있음을 증명하고 있다. 물론 연못의 크기나 깊이가 다를 수 있고, 맑은 연못과 혼탁한 연못도 있을 것이다. 그러나 아무리 작은 연못이라도 맑고 깨끗하다면 하늘에 떠 있는 달을 또렷하게 비출 수 있지 않겠는가. 중요한 것은 그 달이 얼마나 선명하고 분명하게 비춰지는가이다.

일본어 설교 준비는 정말 어렵고 힘들다. 한국어 설교 준비도 애를 먹고 진땀을 흘리는데, 일본어로 설교를 준비하는 건 그보다 더하지 않겠는가. 오랫동안 일본에서 생활하고 있지만, 여전히 일본어로 쩔쩔매는 내 모습에 자주 낙심한다. 유창하게 일본어로 설교하는 목회자를 보면 정말 부럽기만 하다. 그래서 나는 무능한 설교자로 평가받지 않기 위해, 성도들에게 이해하기 쉽고 감동적이며 은혜로운 설교를 하려고 부단히도 애를 쓴다.

그러나 이런 의욕과 열심은 도리어 하나님께서 역사하실 수 없는 설교로 이어지곤 했다. 그런 설교를 할 때면 내 마음에 감동이 없을 뿐만 아니라, 아내도 설교에 대해 아무런 말을 하지 않는다. 내가 해야 할 일은 설교를 잘하는 것이 아니라, 주님께서 전하시려는 말씀을 순전하게 전하는 것이지 않을까. 비록 작고 볼품없는 연못일 수 있지만, 주님께서 전하시려는 말씀을 선명하고 분명하게 비춰 내고 싶다. 또 혹여 내 개성과 인격이 하나님의 말씀과 충돌할 때, 그로 인해 생기는 울림과 파장을 있는 그대로 담아내는 연못이 되고 싶다.

| **말씀 앞에 우직하게 머문다** |

전도자의 삶에서 가장 가슴 뛰는 일이면서도 늘 마음을 무겁게 하는 일은 무엇일까? 바로 설교가 아니겠는가. 설교자가 어떤 의도와 목적을 가지고서 성경을 해석하고 전달하느냐에 따라 청중에게 미치는 영향력은 실로 엄청난 차이가 있기 때문이다. 일본에는 유명한 설교가들이 많지만, 그중에서도 특히 눈에 띄는 인물이 **카토우 쓰네아키**(加藤常昭)이다. 그는 설교 전집뿐만 아니라 60권이 넘는 저서와 50권 이상의 공저 및 번역서를 남겼다.

특히 1986년에는 설교 학원(説教塾)을 설립하여 수많은 일본 설교자를 양성하며 일본 교회에 큰 영향을 끼쳤다. 현재 아흔이 넘은 나이에도 왕성하게 사역하면서, 자신의 설교 철학과 메시지를 통해 많은 이들에게 도전을 주고 있다. 그는 자신에게 영향을 준 설교가로 다케모리 마사이치(竹森滿佐一), 와타나베 젠다(渡辺善太), 야나이하라 다다오(矢内原忠雄)를 자주 언급하곤 했다.

나도 이들의 설교집을 읽으며 일본 설교의 독특한 감성적 표현과 따뜻함, 그리고 진솔함을 배웠다. 이들의 설교는 시대와 상황을 향한 주님의 말씀에 순종하도록 촉구하는 부분이 많았다. 이들의 설교를 들으면, 마치 주님의 말씀 앞에 선 한 명의 죄인으로서 오직 십자가의 은혜로 살아가도록 격려하는 것처럼 느껴진다.

하지만 단 한 편의 설교로 사람을 변화시킬 수 있는가? 성도가 아무리 논리적이고 감동적인 설교를 들었더라도, 세상의 염려와 걱정, 욕심은 쉽게 해결되지 않는다. 나 자신도 과거에 매주 설교를 들으면서도 온전한 믿음으로 살지 못하는 모습에 좌절한 적이 많았다. 그랬던 내가 설교자의 입장에 서 있다 보니, 그 부담감과 답답함이 파도처럼 밀려온다. 여전히 일본어 설교는 어렵다. 강단에 설 때마다 늘 두려움이 앞선다. 하지만 그럼에도 불구하고, 말씀 앞에 우직하게 머문다. 보잘것없고 초라한 나를 통해 일하실 성령의 은혜를 기대하면서 말이다.

> 내가 너희 가운데 거할 때에 약하고 두려워하고 심히 떨었노라. 내 말과 내 전도함이 설득력 있는 지혜의 말로 하지 아니하고 다만 성령의 나타나심과 능력으로 하여 너희 믿음이 사람의 지혜에 있지 아니하고 다만 하나님의 능력에 있게 하려 하였노라 _고전 2:3-4

코로나 팬데믹 시기의 설교, 그저 말씀 앞에서 우직하게⋯

| **기도와 눈물로 적셔지지 않는 설교** |

이전에 일본 신대원에서 카토우 쓰네아키의 『설교 묵상 집성(説教黙想集成)』을 통해 공부한 적이 있다. 그의 성경 해석과 교리적 표현들을 이해하기란 쉽지 않았다. 때로는 '이렇게까지 설교를 공부해야 할 필요가 있을까?' 하는 의문이 들기도 했다. 하지만 그의 일본어 설교문을 꼼꼼히 읽다 보면, 그가 얼마나 많은 성경 연구를 해 왔는지, 그리고 청중을 배려하기 위해, 위로를 전하기 위해 얼마나 세심하게 단어를 선택했는지 알 수 있었다. 그의 설교 준비 과정은 본문 말씀에 대한 1차, 2차, 3차 묵상을 거쳐 전개되며, 레토릭 설교(rhetoric)

속에 주님의 위로가 담겨 있다.

　일본 목회자들의 설교를 들어 보면, 뜨겁지는 않아도 따뜻함이 있고, 어렵지 않으면서도 깊이가 있으며, 강한 어투 대신 청중에 대한 배려가 스며들어 있다. 덕분에 나 또한 일본어 설교를 준비하는 마음가짐에 많은 변화가 있었다. 매주 일본어 설교를 통해 일본 선교를 한다는 마음으로, 일본어 설교집과 주석, 서적들을 참고하며 본문 연구와 묵상, 그리고 원고 작성을 진행했다. 때로는 전장에 서 있는 듯한 느낌을 받기도 하지만, 조금씩 설교 준비에 안정감을 찾아가고 있다. 많은 시간과 노력을 투자한 만큼, 스스로 은혜로운 설교를 했다고 느낀 순간도 있었다. 이는 성령의 은혜라고 생각한다. 그러나 그 설교가 내 삶과 생활에 구체적인 변화를 가져왔는지 돌아보니 부끄러운 마음이 들었다. 늘 다음 설교 준비로 분주해지는 탓에 뜨겁던 열정과 감동이 어느새 식어 버렸음을 깨달았다.

　설교자 찰스 스펄전(Charles Spurgeon)은 설교 준비 중에 '예수'라는 이름을 세 번 부를 때마다 눈물이 나지 않으면 자신이 타락했음을 깨닫고서 회개했다고 하는데, 내 설교는 이런 눈물로 적셔지지 않았다. 오히려 눈물 없는 설교를 전한 것이 부끄러워졌다. 매번 설교에 대한 부담감과 압박감을 느끼지만, 눈물로 적셔지지 않았던 설교를 회개하며 주님의 온전한 도우심을 기도하게 된다.

그들이 눈물 골짜기로 지나갈 때에 그곳에 많은 샘이 있을 것이며 이른 비가 복을 채워 주나이다 _시 84:6

| **설교자의 고뇌** |

선교사의 사명은 복음을 전하고 주님의 제자를 세우는 것이지만, 그 토대는 설교다. 하나님의 말씀이 선포되는 곳에는 반드시 성령님의 은혜와 간증이 넘쳐 난다. 그러나 설교 준비의 과정은 산고처럼 힘든 과정이다. 한번은 설교 준비를 하다가 심한 두통과 몇 차례 구토로 심하게 고생한 적이 있다. 그때 문득 두려운 생각이 들었다.

'매번 이런 상태라면 오래 살지 못하겠구나!'

모든 설교자와 마찬가지로, 나 역시 설교를 준비할 때는 마치 치열하게 싸우는 전장에 있는 것 같은 느낌이 든다. 하나님의 말씀은 내 안에 들어와 내 감정과 생각, 과거의 경험과 부딪친다. 그 파열음은 굉음을 내며 밤잠을 설치게 하고 마음을 괴롭게 만든다. 특히 설교의 흐름이 잡히지 않는 날에는 심리적 스트레스로 인해 심한 두통이나 구토 같은 신체 반응이 나타난다. 모국어가 아닌 일본어로 원고를 작성해야 하니 여간 힘든 일이 아니다. 30분간의 설교를 위해 A4 용지 4장 분량을 써야 하며, 정확한 일본어 발음으로 전달하기 위한 연습도 필요하다. 매번 설교 전까지 원고를 수정하는 데 급급하다. 특히 코로나로 인한 온라인 설교는 성도가 보이지 않은 채로 해야 하기에 마음이 더욱 무겁다. 그럴 때마다 주님께 탄식하며 기도한다.

"주님, 이런 식의 설교는 평생 할 자신이 없습니다!"

실력 없는 설교자라는 비판을 받고 싶지 않고, 열심히 준비하는 성실한 설교자라는 평가를 받고 싶은 마음이 크다. '언제쯤 주님께서 주시는 은혜만큼 전하면 충분하다는 말이 믿어지게 될까? 언제쯤 주님과 동행하는 삶을 설교로 녹여 낼 수 있을까?' 이런 고민과 갈등을 안고서 기도하다 보면, 주님은 나에게 설교를 잘하려고 애쓰지 말라고 하신다. 여러 가지 복잡한 심경에 괴로워하는 나에게, 내가 할 수 있는 것은 오직 성령님의 은혜를 구하는 것임을 깨닫게 하신다. 다시 한번 말씀 앞에 서서, 우둔한 자에게 주님의 말씀으로 빛이 비추어지기를 간절히 기도한다.

주의 말씀을 열면 빛이 비치어 우둔한 사람들을 깨닫게 하나이다 _시 119:130

설교 원고에 얽매이는 은혜

내가 지금까지 만난 일본인 목사들은 목회에서 설교에 대한 비중을 매우 크게 두는 사람들이었다. 비록 일주일에 한 번 전하는 설교이지만, 그들은 온 신경과 노력을 쏟아부었다. 그래서 잘 알려지지 않은 일본 목회자의 설교집을 읽다 보면, 깊이 있는 성경 해석과 보석 같은 표현을 배울 수 있다. 일본 기독교 도서 중에 주석 책보다 설교집이 더 많은 이유를 여기에서 짐작할 수 있다.

물론 일본 목회자의 설교는 정형화된 문체와 어투가 많아서 다소 무미건조하게 느껴질 때가 많다. 하지만 정성스럽게 준비된 설교 원고에 따라 충실히 전하려는 그들의 모습은 매우 인상적이다. 나도 일본 신학교에서 설교 원고를 완전히 작성하도록 배웠다. 하지만 매번 일본어 발음과 억양에 신경 쓰고, 토씨 하나 틀리지 않게 전하려는 강박감이 따라다닌다. 그래서일까? 나는 성령님의 역사가 임하는 생기 있고 강한, 뜨거운 설교를 하는 경우가 매우 드물다.

어제는 하루 종일 마음이 무겁고 힘들었다. 녹화된 내 설교 영상을 다시 보면서 부끄러움과 한숨만 나왔기 때문이다. 이렇게 설교 원고에 매여 무미건조하게 말씀을 전하는 내 모습이 너무나 한심하고 미련하게 느껴질 때가 많다. 그럴 때마다 내 마음은 끝없는 좌절과 낙심, 그리고 두려움에 사로잡힌다.

'내가 겨우 이 정도밖에 되지 않는 건가?'
'어색한 말투와 긴장된 표정이 그대로 드러나는구나!'
'과연 누가 이런 설교를 듣고 은혜를 받을 수 있을까?'

이런저런 복잡한 생각과 침체된 감정을 뒤로한 채, 잠시 밖으로 나가 산책을 했다. 그리고 주님께 따지듯이 기도했다.

"주님, 저도 정말로 성령님이 역사하시는 생기 있고 활력 넘치는 설교를 하고 싶습니다."

하지만 내 마음속에 들려온 주님의 음성은 너무나도 또렷했다.

"설교 원고에 얽매이는 것이 너에게는 은혜란다."

성경 말씀과 연구에 몰두하며, 주님의 뜻과 마음을 설교 원고에 담으려는 그 노력과 시간이 내게 꼭 필요한 것이라는 생각이 들었다. 나는 누구보다도 나 자신이 교만하고 완악하다는 것을 잘 알고 있다. 만약 애간장을 녹이는 인고의 과정이 없다면, 나는 반드시 내 생각과 지식에 의존하여 설교하고 말았을 것이다. 주님께서 굳이 설교 원고에 얽매이게 하시는 은혜를 헤아리게 되었다. 매번 설교 원고에 주님의 마음을 충분히 담아내지는 못하더라도, 단 한 문장이라도 주님의 뜻과 마음을 표현하고 전할 수만 있다면 그것만으로도 충분하다.

> 그리스도께서 이방인들을 순종하게 하기 위하여 나를 통하여 역사하신 것 외에는 내가 감히 말하지 아니하노라 _롬 15:18

제4부

깊이 뿌리내린
그루터기

13장
일본 선교사의 삶

| **나그네의 심정으로 산다는 것** |

매년 일본에서 체류할 수 있는 비자를 신청해야 한다. 현재 나의 체류 비자 종류는 '일본인 배우자'이다. 보통 3년 이상이 나오지만, 근로 소득이 없는 비과세 대상이어서 1년 비자를 받는다. 그래서 매년 비자 갱신을 위해 번거롭고 까다로운 서류와 준비를 반복하다 보니, 나는 일본에서 외국인이라는 사실을 절실히 느낀다. 늘 언어에 대한 부담감, 인간관계에 대한 어려움뿐만 아니라, 선교 사역이 생각처럼 진행되지 않아 생기는 조급함, 좀처럼 나아지지 않는 생활 형편에 한숨이 나온다.

언제쯤이면 일본에서 활동의 제약과 체류 기한 없이 자유롭게 살 수 있을까? 18년간 일본 생활을 하고 있지만, 여전히 이곳은 나에게 낯선 곳이다. 나는 어쩔 수 없는 나그네라는 생각이 든다. 아내와 결혼한 후 벌써 다섯 번 이사했는데, 매년 한 번꼴로 이사하다 보니 짐도 가벼워지고 언제든지 떠날 준비가 되어 있다.

일본에는 "웃으며 참고(笑ってコラえて)"라는 인기 예능 방송 프로그램이 있다. 1996년부터 시작한 방송인데 일본 지도에 다트를 던져, 그 화살이 꽂힌 곳으로 스태프들이 직접 찾아가 그곳에 사는 사람들과 교류하는 간단한 기획이다. 하지만 이 방송을 통해 도시의 번잡함에서 벗어나 살아가는 사람들의 순수한 모습과 지역마다 독특한 문화와 삶을 볼 수 있어 꽤 유익한 프로그램이다. 무엇보다 어디로 갈지 모르기 때문에 어떤 일이 일어날지 알 수 없다는 것이 이 프로그램의 가장 큰 재미와 매력이다.

무작정 일본 지도에 다트를 던져 화살이 꽂힌 곳으로 떠나는 방식이 마치 나그네의 삶을 연상시킨다. 이리저리 복잡하게 생각할 것도 없고, 삶이 정말 단순해지는 것을 본다. 그렇다. 이 세상에서 그리스도인인 우리는 본향이 있는 나그네와 같다. 그러니 일본 선교사의 삶도 당연히 나그네의 심정으로 살아야 하지 않겠는가. 참된 본향인 천국을 향해 가는 걸어가는 나그네의 여정은 어디로 갈지 무슨 일이 일어날지 모르기에 모든 것이 새롭다. 그리고 얼마든지 웃거나 참을 수 있다.

나그네의 심정을 잃어버렸기에 내 삶이 복잡하고 혼란스러운 것

아닐까. 그래서 주님은 나에게 나그네의 삶을 사는 것을 두려워하지 말라고 말씀하시는가 보다. 비록 막연하고 답답한 상황의 현실 속에서 버겁고 무거운 마음을 느낄 때도 있지만, 나그네의 눈으로 세상을 바라보길 기도한다.

> 이 사람들은 다 믿음을 따라 죽었으며 약속을 받지 못하였으되 그것들을 멀리서 보고 환영하며 또 땅에서는 외국인과 나그네임을 증언하였으니 그들이 이같이 말하는 것은 자기들이 본향 찾는 자임을 나타냄이라 _히 11:13-14

| 일본 선교의 여정 속에서 |

누구나 생각지 못한 난관에 부딪히거나 비극적 상황에 처할 때면, '왜 내게 이런 일이 일어났는가?', '왜 나인가?'라는 질문을 던진다. 어쩌면 그러한 질문은 스스로에게 하는 매우 흔한 질문 중 하나이기도 하지만, 동시에 삶의 본질을 꿰뚫어 볼 수 있는 가장 중요한 질문이기도 하다.

어느 날 아침, 어느 일본 선교사의 일이 떠올라 그분을 위해 기도했다. 그분은 부산의 모 교회를 섬긴 뒤, 일본 선교사로 파송되어 14

년째 선교 사역을 하고 있다. 그런데 2021년 1월에 갑자기 폐암 4기 진단을 받고, 투병 생활을 하게 되었다. 그분은 항암 치료를 받으며 탈모, 면역력 저하, 체력 저하 등 여러 부작용과 치열한 사투를 벌이면서도 일상생활을 일기로 적었는데, 그분의 일기는 소박함과 진실함이 묻어나와 때로는 하나님이 내게 말씀하시는 음성처럼 들리기도 한다.

> 하나님이 사람을 다루시는 방법은 하늘의 별만큼 셀 수 없이 많지만, 주님은 폐암 말기라는 사랑의 채찍으로 자기 의, 교만, 완악함, 위선, 거짓, 위선, 사랑 없음, 나태, 더러움으로 물들어 죽어가고 있던 내 영혼을 사랑의 채찍으로 치셨다.[15]

> 주님께서는 다시 선명하게 내 마음속에 있던 세 가지 독을 깨닫게 하셨어요. 그래서 다시금 회개했어요. 첫째는 미움의 독, 둘째는 시기의 독, 셋째는 감춤의 독이에요.[16]

그렇다. 선교사는 자아실현과 자기 가치를 추구하는 사람이 아니

---

[15] 윤선호, "투병일기-3," Facebook, 2021년 2월 23일, https://www.facebook.com/seonho.yoon.5.
[16] 윤선호, "투병일기-15," Facebook, 2021년 3월 26일, https://www.facebook.com/seonho.yoon.5.

라, 자기를 부인하며 자기 십자가를 지고 가는 사람임을 다시금 깨달았다(마 16:24 참고). 그리고 내가 여태껏 숨기며 감추고 있던 죄악과 허물, 교만함을 회개했다. 어느 순간 그분의 투병 일기는 치유 일기로 바뀌었다.

그분은 하루하루 새로운 삶을 살고 있으며, 주님이 날마다 새로운 은혜와 복을 부어 주셔서 분에 넘칠 정도라고 고백했다. 사진으로 예전의 모습과 현재의 모습이 얼마큼 바뀌었는지 한눈에 봐도 알 수가 있었는데, 주님이 주도적으로 하신 변화요, 도저히 거부할 수 없는 변화였다. 폐암 선고와 투병 생활이 인생을 송두리째 바꾸어 버릴 만큼의 엄청나게 쓰라린 시련일 텐데, 그리스도의 은혜와 사랑을 그렇게 진정성 있게 고백하시다니, 그분의 모습을 보며 나는 큰 도전을 받았다.

얼마 전, 그분과 통화하며 서로의 근황을 나누었다. 일본 선교의 현실과 어려움을 공감하며 나를 격려해 주셨다. 자신이 위로를 받아야 할 입장인데, 오히려 나를 격려해 주신 것이다. 그뿐만 아니라 누군가에게 받은 것을 흘려보내는 것뿐이라며 5만 엔을 송금해 주셨다. 내 형편이 가장 어려울 때였는지 어떻게 아시고…. 그때 내가 받은 위로와 감동을 결코 잊어버릴 수 없다. 일본 선교사 선배로서 나에게 큰 위로와 용기를 주셨다. 앞으로 그분의 삶의 여정을 주님께서 어떻게 인도하실지 기대된다. 예수님과 함께 걸어가는 삶의 여정 속에 오직 그리스도의 향기만 널리 퍼지길 기도한다.

| 편견과 오해는 무지와 무관심에서 비롯된다 |

편견과 오해의 원인은 무지와 무관심에서 비롯된다고 생각한다. 한일 간의 문제와 갈등도 이러한 무지와 무관심 때문에 생겨난다. 끊임없이 배우고 성찰하는 것도 이런 악순환을 끊고 굳은 마음을 제거하기 위해서이다. 얼마 전에 **스즈키 다카히로**(鈴木崇巨) 목사가 쓴 책, 『당신은 한국을 알고 있습니까(君は韓国のことを知っていますか)』를 읽었다. 책 제목이 매우 인상적이었고, 일본인 목사가 본 한국사는 과연 어떠할지 궁금했다.

책 내용은 일제 식민지 36년간의 사건(정한론, 토지 수탈, 3·1 운동, 창씨개명, 위안부)과 한국 전쟁, 순교자, 재일 교포의 비애 등 제법 굵직한 이야기들로 채워져 있었다. 스즈키 목사는 지금도 한국에 대한 부정적 이미지와 편견을 가진 일본인들이 많다는 점을 지적하며, 양국의 역사와 문화, 민족성을 배우면서 진정한 우호 관계로 나아가야 한다고 주장했다. 지한파 일본인 목사의 체험적이고 양심적인 고백이 꽤 인상적이었다.

일본인인 내 아내는 역사에 관심이 없어서 한일 간의 문제에 대해서도 잘 모른다. 단지 한일 간의 이슈와 뉴스를 보면서 불편한 기색을 드러내곤 한다. 그러나 아내는 이 책을 읽고 제법 큰 충격을 받았다. 아내는 안타까운 표정으로 과거에 정말로 그러한 일들이 있었냐고 나에게 되물었다. 나는 여태껏 한일 간에 있었던 역사와 사건에 대해 좀 더 구체적으로 이야기해 주었다. 제법 긴 시간 동안 말이다.

한국인 어머니와 일본인 아버지 사이에서 태어난 나는 양국의 역사와 문화, 민족성을 자연스럽게 배우고 체득할 수 있었다. 지금은 한일 간의 징검다리 역할을 하며 일본 선교를 하고 있지만, 한일 간의 문제와 갈등이 무지와 무관심에서 비롯되는 것을 피부로 느낀다. 이런 악순환을 끊고 굳은 마음을 제거하기 위해 내가 할 수 있는 일이 무엇일까? 늦은 밤, 작고 초라한 책상 앞에 앉아서 주님을 바라보며 지혜를 구한다.

> 베드로가 입을 열어 말하되 내가 참으로 하나님은 사람의 외모를 보지 아니하시고 각 나라 중 하나님을 경외하며 의를 행하는 사람은 다 받으시는 줄 깨달았도다 _행 10:34-35

일본 선교사의 삶과 죽음

　매일 선교 사역으로 정신없이 지냈다. 늘 일 중심적인 나를 보던 아내가 한마디했다. "정말 바쁘네요." 아내가 가볍게 내뱉은 한마디로 인해 내 마음이 무거워졌다. '바쁘다(忙)'라는 한자는 '마음(心)'과 '잃다(亡)'라는 두 글자로 이루어져 있다. 바쁜 삶 속에서 내가 잃어버린 것은 바로 그리스도의 십자가 죽음이었다.

　대부분의 사람은 현재에 몰두하고 죽음은 잊고서 살아간다. 특히 젊은 사람들은 자신이 언젠가 죽을 존재라는 것을 잊고서 영원히 살 수 있을 것 같은 자신감을 가지고 살아간다. 물론 주변 사람의 갑작스러운 죽음으로 인해 잠시 삶과 죽음에 대한 심각한 고민에 빠지기도 하지만, 그 기간은 그리 길지 않다. 하지만 누구나 죽음을 향해 살아가고 있다는 사실을 잊어서는 안 된다.

　예전에 들었던 "메멘토 모리(*Memento Mori*)"라는 말이 떠올랐다. "죽음을 기억하라" 혹은 "죽음을 잊지 말라"라는 뜻이다. 사람들은 이 세상의 일에는 열심이지만, 죽음에 대한 준비에 대해서는 소홀히 한다. 반드시 죽는다는 것을 아는 지혜로운 사람에게는 삶 전체가 죽음을 준비하는 과정이 아닐까?

　사람이 마지막에 와서 자신이 죽는다는 사실을 알게 되면, 크게 두 가지 반응을 하게 된다고 생각한다. 하나는 '왜 인생은 이렇게 허무한가'이고, 또 하나는 '어차피 죽을 테니 지금을 마음껏 즐기자'라는 반응이다. 그러나 둘 다 주님에 대한 믿음이 없기에 허무와 쾌락으로 삶은 끝나 버리고 만다. 만약 누군가 부활하신 예수님에 대한 믿음이 있다면, 죽음을 바라보는 마음도 분명히 바뀔 것이다.

물론 매일 바쁘게 살아가다 보면 자기 죽음에 대해 생각하지 않을 수도 있다. 하지만 누군가에게는 오늘이 마지막 순간이 될 수도 있다. 그래서 우리가 죽음을 기억하는 이유는 삶을 부정적으로 보기 위함이 아니라, 영원한 생명과 구원을 기억하고 오늘을 소중히 살아가기 위함이다. 그리고 십자가의 부활에 대한 믿음의 눈이 열리면, 우리의 매일은 주님 앞에 쌓여 가는 시간으로 재해석될 것이다. 그렇다면 내게 주어진 일본 선교사의 삶을 어떻게 살아야 할까? 언제 죽더라도 내 마음은 평안한가? 다시 한번 일본 선교사의 삶과 죽음에 대해 생각해 보게 된다.

> 내가 달려갈 길과 주 예수께 받은 사명 곧 하나님의 은혜의 복음을 증언하는 일을 마치려 함에는 나의 생명조차 조금도 귀한 것으로 여기지 아니하노라 _행 20:24

| 저 천국에 이르는 기쁨의 길 |

얼마 전 주일 예배 설교에서 미즈노 겐조의 시「저 천국에 이르는 기쁨의 길(御国へいたる嬉しき道)」을 소개했다. 그리고 예배 후 식사 모임에서 한 고등학생이 천국에 대해 질문했다. "부활 후에는 우리의 몸이 어떻게 변하나요?", "천국에는 일과 노동이 존재하나요?"라는 매우 예리한 신학적 질문이었다. 나는 성령님께서 그 학생의 믿음의 눈을 열어 주셔서 부활 신앙이 더욱 명확해지기를 기도하며 일주일간 생각한 후에 최대한 알기 쉽게 답변해 주었다.

신학자 오스카 쿨만(Oscar Cullmann)은 천국에 대해 "이미, 그러나 아직(already but not yet)"이라고 말했다. 그렇다. 우리는 예수님 안에서 천국(하나님 나라)을 '이미' 살고 있다. 그러나 '아직' 이루어지지 않는 천국을 매일 예수님과 동행하며 소망 가운데 살아간다. 주님께서 우리에게 아직 이루어지지 않은 천국에 대한 소망을 주시는 이유는 우리가 가야 할 방향을 잃지 않도록 하기 위함이다. 이 세상의 삶이 전부가 아니기에, 어떠한 유혹과 핍박에도 흔들리지 않고 믿음과 사명의 길을 굳게 걸어가도록 하시는 것이다.

주님은 모든 그리스도인이 천국에 이르는 기쁨의 길을 누리길 원하신다. 하지만 일본 선교를 하다 보면 새로운 것에 대한 호기심이나 모험심이 사라지고, 시련이나 어려움에 쉽게 위축되거나 소극적이게 된다. 낯선 곳에 가거나 잘 모르는 사람을 만나는 것도 꺼려진다. 어느 정도 예상되는 일들과 계획 속에서 안정된 선교를 하려고 하는 경향이 강해져서 큰 고난과 시련을 겪는 일도 줄어든다.

하지만 일본 선교사의 삶은 근심 중에도 변함없는 주님의 소망을 붙들어야 한다. 세월이 지나도 변함없는 주님의 기쁨을 누리고 살아야 한다. 한 치 앞을 볼 수 없는 어두운 길이라도 주님과 함께 전진해 나가야 한다. 이러한 일본 선교사의 삶은 미즈노 겐조의 「내 마음속에」라는 시에 잘 녹아 있다. 그의 고백이 나의 고백이 되기를 기도한다.

내 마음속에

내 마음속에 소망이 있네
그리스도가 주셨다네
근심 중에 있어도 변함이 없네

아직 안 보이는 걸 기다리는 소망
내 마음속에 기쁨이 있네
그리스도가 베풀어 주셨다네
세월 흘러간 데도 소멸치 않네
세상에서 얻지 못할 기쁨 있다네

내가 전진해 나갈 한 길이 있네

그리스도가 활짝 열어 주셨다네

어둠이 드리워도 헤매지 않네

저 천국에 이르는 기쁨의 길[17]

---

17 https://yukochappy.seesaa.net/article/155337758.html

14장
일본 선교사의 자녀

| **벚꽃이 흩날리는 유치원 입학식** |

부모는 아이를 키우는 동안 보통 언제 그 아이에게서 감격하고 감동할까? 핏덩이로 태어나 온종일 울던 아이가 기어갈 때, 기어가던 아이가 설 때, 서던 아이가 걷거나 뛸 때라고 생각한다. 그리고 부모라면, 그 아이가 처음으로 "엄마, 아빠"라고 불러 주었을 때의 감격과 감동을 결코 잊을 수 없다. 부모의 눈은 언제나 그 아이의 건강한 성장에 초점이 맞춰져 있다.

큰딸의 유치원 입학식이 있었다. 작은 동네의 유치원에 총 스물세 명의 아이가 입학했다. 아이의 삶에서 유치원 입학식은 일본 사회에 첫발을 내딛는 순간이다. 유치원에서 정해 준 옷과 모자와 가방을 멘 아이들이 옹기종기 모여 있는데다가, 다들 자신보다 큰 옷을 입고 있어 아이들 전부가 비슷해 보였지만, 참 신기하게도 부모인 내 눈에는 큰딸아이가 어디 있는지 금방 확인할 수 있었다. 내 눈은 오직 아이에게 맞춰져 있기 때문이다. 이곳저곳에서 돌아다니거나 우는 아이가 있어도, 내 시선은 오직 큰딸에게 주목하고 있었다. 어떤 표정을 짓고 어떤 행동을 하는지, 어떤 말을 하는지 나는 내 아이에게서 눈을 떼지 못했다. 아이가 언제 저렇게 컸나 싶기도 하면서, 내 마음에 잔잔한 감격과 감동의 물결이 출렁였다. 벚꽃이 흩날리는 봄날 유치원 입학식, 우리 아이 앞으로의 삶도 왠지 꽃길만 걸어갈 것 같은 분위기였다.

하지만 아이는 앞으로 부모의 품에서 벗어나 점점 홀로서기를 해야 할 것이다. 일본 사회에서 하나님에 대한 믿음을 가지고 한 명의 그리스도인으로 산다는 것은 100명 중 99명과 다른 세계관(가치관)을 가지고서 살아가는 것이기 때문이다. 그래서 때로는 부모의 애간장을 태우며 방황하거나 속을 썩일 때도 있겠고, 제

큰딸의 유치원 입학식을 기념하며

멋대로 살고 싶어 반항할 때도 있을 것이다. 하지만 부모인 나에게 있어 내 아이에 대한 사랑과 관심은 식을 수 없다. 오히려 아이가 건강하게 성장하기를 바라는 간절한 마음이 더욱 뜨거워질 것이다.

자녀를 키우다 보니 하나님 아버지의 심정을 조금씩 깨닫는다. 여태껏 주님의 애간장을 녹이고 제멋대로 살아온 내 삶도, 주님께서 이런 아버지의 마음으로 보살펴 주시고 인도해 주지 않으셨는가! 이렇게 나도 주님의 마음을 조금씩 배워 간다.

> 이에 일어나서 아버지께로 돌아가니라 아직도 거리가 먼데 아버지가 그를 보고 측은히 여겨 달려가 목을 안고 입을 맞추니 _눅 15:20

| 천국은 어린아이들의 것이다 |

한국 고아의 아버지로 알려진 **소다 가이치**(曾田嘉伊智)는 일제 강점기 때 수많은 고아를 돌보았다. 당시 길거리에 버려진 아이들이 많았던 상황에서, 소다 가이치는 1913년 서울에 가마쿠라 보육원을 설립하여 고아들을 보살폈다. 그러나 아이들을 먹일 음식과 의복이 없어 주위에 구걸하기까지 했고, 이런 소다 가이치의 모습을 본 사람들은 '일본의 치욕'이라고 하며 비웃었다고 한다.

하지만 이 보육원은 한경직 목사가 이어받았고, 현재 '영락 보육원'이 되었다. 일본 패전 후 한일 국교가 수립되기 전에 소다 가이치는 한국 정부의 특별 초청으로 한국에 와서 생을 마감했다. 그는 일본인으로서 유일하게 양화진 묘지에 안치되었다.

그에 관해 알게 되면서, '그는 늘 천국을 곁에 두고 살았구나' 하는 생각이 들었다. 예수님은 천국과 어린아이들이 밀접한 관계가 있다고 말씀하셨다(마 19:14). 어쩌면 천국은 어린이의 순진무구함과 호기심, 흥미진진한 것들이 가득한 곳이 아닐까? 하지만 나는 어린이들과 함께 노는 것이 매우 서툴고, 아이들의 눈높이에 맞춰서 노는 것을 힘들어한다. 아이들이 노는 모습을 보면 "위험하다", "조심해라", "다친다", "하지 마라", "조용히 해라" 등의 말이 절로 나온다. 내가 물건을 정리해 놓으면 아이들은 반대로 어지르고, 밥을 차려 주면 먹기 싫다고 한다. 과자를 주면 아이스크림이 먹고 싶다고 하고, 다 같이 놀자고 하면 자기만의 놀이를 하고 싶어 한다. 왜 예수님은 천국이 어린아이들과 같다고 했을까?

이틀간 부득이하게 내가 아이들을 돌봐야 할 때가 있었다. 일단은 게임, 오목, 요리 만들기, 텐트 놀이, 보드게임, 산책 등의 구체적인 계획을 세웠는데, 계획대로 즐겁게 시간을 보낼 수 있을지 자신이 없었다. 그래도 최대한 아이들의 입장에서 함께 시간을 보내려고 노력했다. 예수님께서 말씀하셨던 것을 되새기며 아이들에 대한 내 마음이 바뀌고 지혜가 자라기를 기도한다.

예수께서 이르시되 어린아이들을 용납하고 내게 오는 것을 금하지 말라 천국이 이런 사람의 것이니라 _마 19:14

| **자녀의 건강한 삶을 위한 기도** |

일본에서는 매년 11월이 되면 **시치고산**(七五三) 행사가 열린다. 자녀들이 세 살, 다섯 살, 일곱 살이 되면 아이들에게 기모노나 예쁜 옷을 입혀 신사나 절에 찾아가 기념사진을 찍는 행사이다. 옛날에는 아이들의 사망률이 높았기 때문에, 이러한 행사를 통해 아이들의 건강과 장수, 행복을 기원했다고 한다. 의학과 의료 기술이 발달한 오늘날에도 아이에 대한 변함없는 부모의 마음은 시치고산을 통해 이어지고 있다. 그런데 이 풍습이 아무리 유의미한 행사라 할지라도, 고가의 기모노와 각종 준비물, 신사 방문과 식사 등으로 인해 경제적 부담을 느끼는 부모들이 많다. 그래서 요즘에는 아이의 건강과 행복을 기원하고, 가족과 함께 소중한 시간을 보내는 것에 더 큰 의미를 두는 듯하다.

일본 교회에서는 이런 전통 행사를 대신해서 '아이 축복식'이라는 형태로 예배를 드리고 있다. 예수님께서 "어린아이들이 내게 오는 것을 용납하고 금하지 말라 하나님의 나라가 이런 자의 것이니라"(막 10:14)라고 말씀하시고, 아이들을 안고서 축복해 주셨다는 것을 실천하기 위함이다.

며칠 전에 어느 일본인 목회자의 딸아이가 눈 주위를 다쳐 여섯 바늘을 꿰맸다는 소식을 들었다. 주일에 교회에서 사역을 하고 있는 중에 발생한 일이라 매우 당황스러웠다고 한다. 나 역시 부모의 입장에서 안타까운 마음이 들었고, 그 아이의 건강이 속히 회복되기를 위해 기도했다. 문득 예전에 어머니가 늘 하시던 말씀이 떠올랐다.

"내는 니가 건강하게 잘 크는 것만으로도 감사하고 있다."

당시 나는 어머니의 말을 잘 이해하지 못했다. 오히려 체력에는 누구보다 자신 있었기에 건강하게 잘 크는 것은 당연하다고 생각했다. 그래서 나는 어머니에게 "엄마, 나는 항상 건강하니까 다른 걸로 더 많이 기도하세요"라고 말했다.

그러나 지금은 그때의 내 생각과 대답이 얼마나 잘못되었는지를 안다. 자식이 건강하게 잘 성장하길 바라는 부모의 마음을 헤아리지 못했던 것이다. 이제는 내가 어린 자녀를 키우는 부모의 입장이 되다 보니, 자녀가 건강하게 잘 자라는 것이 얼마나 큰 복인지 깨닫게 되었다. 여태껏 아이의 건강한 삶을 위해 기도하지 못한 것을 회개한다.

앞으로 아이의 건강한 삶과 믿음을 위한 기도를 소홀히 하지 않기로
마음먹었다.

> 사랑하는 자여 네 영혼이 잘됨같이 네가 범사에 잘되고 강건하기를
> 내가 간구하노라 _요삼 1:3

| 아이들과 함께 드리는 예배 |

내가 어렸을 때는 비교적 엄숙한 분위기 속에서 예배를 드리곤 했다. 예배 중에 소리를 지르거나 돌아다니면, 예배를 방해한다는 이유로 혼나기 일쑤였다. 어머니도 주의를 기울여 예배를 드리셨지만, 어린 나를 돌보느라 예배에 집중하지 못하셨다. 내가 장난을 치거나 울음을 터뜨리면 어머니는 당황해하시며 서둘러 나를 밖으로 데리고 나가시거나 자모실로 들어가셨다. 하지만 자모실은 음향이 그리 좋지 않았고, 겨울에는 매우 추운 곳이었다. 그곳에서 예배를 드린다는 것은 어머니와 어린 나에게 매우 힘든 일이었다. 초등학교 고학년이 될 때까지 어머니는 교회 교우분들께 폐를 끼치지 않기 위해 신경을 많이 쓰셨고, 예배 시간에는 늘 긴장하셨다.

많은 일본 교회가 부모의 예배를 위해 아이들을 위한 별도의 프로

그램을 진행한다. 규모가 있는 교회의 주일학교에서는 어린이들의 연령과 지적 수준에 맞춘 분과를 운영한다. 그러나 이러한 방식은 또래들끼리만 묶어 두는 결과를 낳아, 사실상 교회 성도들과 분리된 상태를 지속시키는 방식이라 생각한다. 그렇게 되면 교회 내의 세대 간 교제와 소통도 원활하지 않을 가능성이 크다. 예수님은 어린아이를 막는 제자들을 향해 분노하시며 "예수께서 이르시되 어린아이들을 용납하고 내게 오는 것을 금하지 말라 천국이 이런 사람의 것이니라"(마 19:14)라고 말씀하셨다. 오히려 어린아이를 막는 제자들의 행동이 그릇되었다는 것이다.

어른들은 아이들의 순수함을 보며 하나님 나라에서의 예배를 떠올린다. 아이들은 어른들이 예배드리는 모습을 보면서 배우고 성장한다. 그리고 부모와 자녀가 함께 예배를 드림으로써 예배의 은혜와 메시지를 공유할 수 있는 공통 분모를 가진다.

니시후쿠오카교회에는 자모실이 없다. 가정 교회이다 보니 공간이 협소하고 이동도 불편해서 아이들을 따로 떼어놓고 예배를 드리지도 못한다. 게다가 사람과의 거리가 가까워 민감한 분들에게는 힘들 수도 있다. 그럼에도 우리 교회가 아이들과 함께 예배를 드리는 이유는 교회의 미래인 아이들을 성도들 모두가 소중히 여기고 함께 키우는 것이 교회의 사명이라 생각하기 때문이다.

2023년부터 아이들과 함께 예배드리는 것을 목표로 여러 노력을 기울여 왔다. 아이들에게 카메라를 만지지 말라고 주의를 주기도 하고, 자리에 잘 앉아 있도록 가르치기도 했다. 또한 어른과 아이들이 모두 예배에 집중할 수 있도록 예배당 뒤편 주방에 매트를 깔고 장난감을 가지고 놀면서 예배를 드릴 수 있도록 했다. 그러다 보니 때로는 시끄러운 소리와 울음소리가 들기도 한다. 예배 중에 장난감을 가지고 나오기도 한다. 그래도 아이들이 나름 예배드리려는 모습을 이해해 주시고, 교회의 미래인 아이들을 키운다는 의미로 받아들여 주시는 성도님들께 참 감사하다.

어린아이들이 식사를 할 때면, 제대로 앉아서 먹는 아이가 거의 없다. 아무리 주의를 주고 예의를 열심히 가르쳐도 음식을 흘리기 일쑤고, 때로는 음식을 가지고 놀거나 던져서 부모를 당황하게 만들기도 한다. 하지만 부모의 훈육 가운데 아이들은 자연스럽게 식사 예절을 배운다. 예배드리는 자세도 마찬가지이다. 크게 걱정할 필요가 없다.

어른이 되었어도 배려심이 부족하고 미성숙한 태도와 행동을 보이면 큰 문제가 될 수 있다. 이것은 다른 교우를 하나님의 가족이라는 눈으로 보지 못하고, 영적으로 미성숙하기 때문이다. 우리 교회는 아이들이 없는 조용한 일본 교회와는 달라서, 조용히 예배를 드리고 싶거나 차분하게 설교를 듣고 싶은 이들에게는 적합하지 않을 수도 있다. 하지만 어떤 상황이든지 예배를 드리고 싶고, 아이부터 어른까지 전 세대가 함께 예배를 드리고 싶은 이들에게는 주님의 은혜와 감동이 있을 거라 믿는다.

두려워하지 마! 그렇게 커 가는 거야!

내가 어렸을 때는, 모든 어린이에게 소위 '불주사'라고 불리는 '결핵 예방 주사'를 맞혔다. 당시 주삿바늘을 알코올램프로 소독하여 여러 번 접종했던 기억이 아직도 남아 있다. 물론 불로 달궈진 바늘을 그대로 찌르지는 않았고, 잠시 식히고서 주사를 놓았지만, 어린 나이에 공포스러운 주사를 맞는 것만으로도 정말로 끔찍한 일이었다. 주사를 맞고 나면 불룩 튀어나오는 흉터가 생겼는데, 지금도 내 팔에 그 흔적이 남아 있다. 하지만 이러한 예방 접종 덕분에 잔병치레 없이 건강하게 자랄 수 있었던 것 같다.

둘째 딸이 태어나고서 처음으로 예방 접종을 맞았다. B형 간염, 결핵, 파상풍, 일본 뇌염 등, 그 외에도 예방 접종 스케줄이 왜 이리도 많은 건지…. 아이의 똘망똘망한 눈을 바라보며 잘 견뎌 주기를 바라는 마음으로 잠시 기도했다. 기본적인 검사를 한 뒤 양쪽 팔에 주사를 맞았는데, 몇 분간 아이의 눈물과 울음소리가 그치지를 않았다.

아이에게는 가늘고 새하얀 피부를 뚫고 찔러 들어오는 주삿바늘이 처음 겪는 아픔과 통증이었을 것이다. 나는 부모로서 대신 아팠으면 하는 바람으로 꼭 껴안고 달래 주었다. 하지만 이런 예방 접종 덕분에 딸아이의 면역 체계는 해로운 병원균을 인식하는 법을 배우게 된다. 그리고 질병과 싸우는 데 필요한 방어 체계를 갖추고 자신을 보호할 수 있을 것이다.

앞으로 있을 아이의 삶도 마찬가지일 것이다. 이후 아이가 겪는 아픔과 고통은 결코 불행을 위해 주어지지 않고, 건강한 삶과 성장의 유익을 위해 주어질 것이다. 나는 주님이 그러한 분이시고 그렇게 인도하실 것임을 믿는다. 그러하기에 앞으로 아이가 병원에 가서 주사 맞는 것을 무서워하고, 학교에 가서 시험 보기를 싫어하고, 입시나 여러 일들에 실패하여 낙심하는 것을 보면, 부모로서 어떻게 하면 좋을까?

"두려워하지 마! 그렇게 커 가는 거야!"

나는 이렇게 자녀를 위로하고 격려하고 싶다. 내가 건네준 말을 아이가 잘 이해하고 받아들여 주기를 바라며 기도한다.

> 이 아이를 위하여 내가 기도하였더니 내가 구하여 기도한 바를 여호와께서 내게 허락하신지라. 그러므로 나도 그를 여호와께 드리되 그의 평생을 여호와께 드리나이다 하고 그가 거기서 여호와께 경배하니라 _삼상 1:27-28

일본 선교사 부부

| **나는 이런 아내를 사랑한다** |

일본에서 기독교 사회 운동가로 잘 알려진 **가가와 토요히코**(賀川豊彦)는 빈민 구제, 협동조합 운동, 소외 계층의 인권과 평등을 위해 헌신한 사람이다. 젊은 시절, 그는 고베의 슬럼가에 가서 가난하고 차별받는 사람들과 함께하며 그들의 삶을 생생하게 기록하여 『사선을 넘어서(死線を超えて)』라는 책을 출판했다.

당시 토요히코가 사역했던 곳은 가난과 질병, 비참함과 범죄가 만연한 지역이었지만, 그는 '한 벌 옷의 제자도'를 실천하며 자신이 가진 모든 것을 이웃들에게 나누어 주었다. 그리고 빈민들을 위해 '천국집'이라는 간이식당을 열었으나, 외상이 쌓이는 바람에 파산하고 말았다. 하지만 이 시기에 그는 평생의 반려자인 하루(ハル)를 만나 결

혼했다. 그녀는 가가와의 빈민가 선교에 적극 지원하고 도왔으며, 가가와가 세상을 떠난 후에도 그의 뒤를 이어 사회 복지 활동에 헌신했다. 가가와는 시를 통해 아내인 하루에 대해 이렇게 표현했다.

> 자기 속옷을 수선하며 사람에게 선행하는 아내를 사랑하리
> 돈이 없어서 책을 팔러 가지만 과묵하고 억센 아내를 사랑하리[18]

나 역시 그러하다. 교회 사역, 선교 활동, 학업, 모임 등으로 인해 아내도 피로와 스트레스가 많이 쌓여 있겠지만, 사실 일본 선교에서 아내의 존재와 역할이 매우 크기 때문에 내게는 없어서는 안 되는 평생의 동역자이다. 때로는 아내의 연약한 모습을 볼 때도 있고, 부족함에 눈물을 흘릴 때도 있다. 하지만 언제 그랬냐는 듯이 금세 다시 일어서서 가정과 남편을 돌본다. 경상도 남자라서 그런지 고마운 마음을 잘 표현하지 못하지만, 나는 나의 아내를 정말로 사랑한다. 앞으로도 내 몸과 같이 아내를 아끼고 사랑할 테다.

> 이와 같이 남편들도 자기 아내 사랑하기를 자기 자신과 같이 할지니
> 자기 아내를 사랑하는 자는 자기를 사랑하는 것이라 _엡 5:28

---

[18] http://keiyousan.blog.fc2.com/blog-entry-415.html

남편의 역할과 책임

둘째를 임신 중이던 아내는 입덧이 심한 탓에 잘 먹지도 못하고 누워만 있었다. 그동안 힘든 내색을 잘 하지 않는 아내라서 더욱 안타까운 마음이 들었다. 하지만 생명의 은혜를 상속받은 아내의 인내에 고마운 마음이 들었다. 이런 착한 아내와 함께할 수 있음에 주님께 감사를 드렸다.

'우리가 살면서 가장 편안하고 힘이 되는 사람은 누구인가?'
'그러나 가장 상처받고 속상했던 사람은 누구인가?'

이런 질문에 대부분의 사람은 '가족'이라고 답할 것이다. 그만큼 가족은 깊은 사랑을 나눌 수도 있지만, 동시에 가장 큰 상처를 주는 관계이기도 하다. 그래서 가족과 함께 있을 때, 예수님을 더욱 바라봐야 한다. 이전에 어느 선교사 모임에서 '예수님을 바라보기 가장 어려운 영역'에 대해서 나눈 적이 있다. 이에 대해서 대부분의 선교사는 '가족과 함께 있을 때'라고 말했다. 하지만 나는 오히려 가족과 함께 있을 때 예수님을 더욱 바라본다. 왜냐하면 내 행동과 말투가 가족에게 상처를 주는 것이 두렵기 때문이다. 그래서 더욱 예수님을 바라보게 된다.

사실 결혼 전에는 내가 남편의 역할을 잘 감당할 수 있을지 자신이 없었다. 어릴 적부터 가정에 무관심했던 아버지를 보며 상처를 받았고, 그 상처가 아내에게 고스란히 전해질까 싶어 염려했다. 하지만 예수님을 바라보는 훈련을 하기 시작하면서 아내에 대한 마음가짐이 많이 달라졌다. 주님은 늘 우리 부부에게 "너희도 각각 자기의 아내 사랑하기를 자신같이 하고 아내도 자기 남편을 존경하라"(엡 5:33)라고 말씀하시며 순종하기를 원하셨다.

그리고 주님은 임신한 아내를 통해, 서로가 비록 연약한 그릇이지만 생명의 은혜를 상속받은 소중한 존재라고 가르쳐 주셨다. 그래서 나는 입덧이 심한 아내를 대신해서 빨래와 청소를 하고 음식을 만들었다. 계속해서 밖에서 놀아 달라고 졸라대는 큰딸을 데리고서 밖에서 시간을 보냈다. 부족하지만, 예수님을 바라보며 남편으로서 역할과 책임을 잘 감당할 수 있도록 기도한다.

> 남편들아 이와 같이 지식을 따라 너희 아내와 동거하고 그를 더 연약한 그릇이요 또 생명의 은혜를 함께 이어받을 자로 알아 귀히 여기라 이는 너희 기도가 막히지 아니하게 하려 함이라 _벧전 3:7

서로가 긍휼히 여기는 마음으로

얼마 전에 아내와 함께 집 근처 카페에 갔다. 가게 앞 테라스에 앉아 작은 조각 케이크와 커피를 나누어 마시면서, 나는 아내에게 그동안 힘들었던 점과 나에 대한 불만은 없는지 물어보았다. 하지만 아내는 생각나는 것이 딱히 없다고 했다. 오히려 이런 둘만의 시간을 가질 수 있어서 행복하다고 말해 주었다. 아내의 말에 정말 고마웠다.

하지만 나는 아내와 함께 지내는 시간이 많아지다 보니 사소한 일에 짜증을 내거나 불평을 토로하곤 했다. 또 본의 아니게 아내와 아이의 감정을 상하게 할 때도 있었다. 돌이켜 보면, 남편으로서의 권위와 요구에 아내가 순종하기를 바랐기 때문이지 않았을까 생각된다.

2021년 2월에 모리 요시로(森喜朗) 도쿄 올림픽 조직위원장이 "여성은 경쟁심이 강해서 누군가 이야기를 하면 자신도 말해야 한다고 생각하기 때문에 모두가 발언한다. 그래서 여성이 많으면 회의가 길어진다"라고 여성 비하 발언을 하여 사임한 사건이 있었다.

여전히 일본에서는 여성의 주장과 권리가 충분히 존중되지 않는 사회적 구조와 문화가 존재한다. 하지만 옛날과 비교하면 여성의 존재와 역할의 비중이 커진 것도 사실이다. 부부 관계에서도 남편이 아내의 말을 듣고 사는 것이 속 편하다고 말하는 사람들도 있다.

성경은 아내도 남편을 다스리고자 하는 욕구가 있다고 말한다.

"너는 남편을 원하고 남편은 너를 다스릴 것이니라 하시고"(창 3:16). 이런 욕구는 죄의 결과로 생긴 것이다. 그러나 남편은 결코 다스려지지 않는다. 아내는 말을 쏟아 내지만, 남편은 건성으로 듣고 말기 때문이다.

일본인 아내와 결혼한 지도 벌써 4년이 넘었다. 서로의 언어, 문화, 생활 습관의 차이 때문에 속이 상하고 답답했던 적이 한두 번이 아니었다. 하지만 주님께서 우리 부부를 긍휼의 눈으로 바라보고 계신다고 생각했다. 그러다 보니, 아내에 대한 내 감정과 태도도 달라졌고, 나를 대하는 아내의 자세도 달라졌다. 그렇다. 피차 힘든 인생살이를 함께해야 하는데, 서로를 긍휼히 여기는 마음으로 지내야 하지 않겠는가.

> 긍휼히 여기는 자는 복이 있나니 그들이 긍휼히 여김을 받을 것임이요
> _마 5:7

| 묵묵히 참고 있던 아내의 한마디 |

2023년 1월경, 3년 만에 가족과 함께 짧은 일정으로 한국에 귀국했다. 하지만 누구를 만나야 할지, 무엇을 해야 할지, 과연 주님께서

무엇을 원하시고 기뻐하시는지 고민이 많았다. 물론 주님께서 주시는 마음을 잘 살펴서 한국 일정을 세우려고 했지만, 대부분 계획대로 진행되지 않았다.

아내와 아이가 설사와 구토 증상을 보였고, 나도 코피와 혈변을 보았다. 이미 약속했던 만남과 일정을 취소해야 했다. 낯선 숙소, 맵고 짠 음식, 추운 날씨, 예상치 못한 만남, 선교 보고와 설교 준비 등 여러 복합적인 이유가 작용한 것 같았다. 그럼에도 오랜만에 반갑게 맞아 주시는 분들과의 만남은 무리해서라도 감당하고 싶었다.

많은 분과의 만남과 헤어짐을 통해 큰 힘과 용기를 얻었다. 때로는 따뜻한 위로를 받고서 울컥해 눈물이 나기도 했다. 일본 선교와 우리 가정을 위해서 많은 분이 기도하며 섬겨 주고 있다는 사실에 정말 감사했다. 물론 여전히 사방은 짙은 어둠처럼 느껴졌고 가야 할 길이 보이지 않았으며, 주님의 인도하심이 사람의 말처럼 또렷이 들리지도 않았지만, 분명한 것은 내가 주님께 붙들려 가고 있다는 것이었다. 내가 계획하고 의도했다고 생각했던 것조차도 사실은 주님의 계획 안에 있었다는 것을 깨달았다. 그러던 중, 묵묵히 참고 있던 아내가 조심스레 말을 꺼냈다.

"당신은 여전히 바쁘군요. 가족과 함께 여유 있는 시간을 가질 수는 없을까요?"

필자와 필자가 사랑하는 아내, 그리고 예쁘고 귀여운 세 딸

의도치 않은 일정과 만남으로 인해 아내가 많이 힘들었던 것이다. 아내에게 미안한 마음이 들었다. 무거운 마음을 안고서 일본으로 돌아왔지만, 돌아와서 일주일 동안도 한국 일정 때문에 생긴 공백을 메우느라 분주했다. 여전히 매일 끊임없이 해야 할 사역이 있고, 처리해야 할 일들이 쌓여 있었다. 마음은 온통 눈앞의 일들로 가득 차 있었다. 그러다 보니 아내와 함께 보내는 시간뿐만 아니라, 같이 찍은 사진조차 점점 없어지고 있었다. '이렇게 살다 보면 부부 관계가 소원해지기 마련일 텐데…' 하는 걱정이 되었다.

시간이 지나면 아내와 함께 보내지 못한 시간에 대한 후회와 미련이 평생 남을 듯하다. 아내의 말이 계속 마음에 남아, 미안한 마음과 함께 남편으로서의 나를 돌아본다.

| 부부의 행복은 먼 곳에 있지 않다 |

얼마 전 아내와 함께 나들이를 다녀왔다. 셋째를 임신한 후 점점 거동이 불편해진 아내가 집에만 있는 것이 늘 마음에 걸렸기 때문이다. 그래서 아내의 기분을 전환시켜 주고 싶어 나들이를 계획했다. 비록 차로 1시간 30분 정도 걸리는 거리였지만, 꼭 한번 아내와 함께 가 보고 싶었던 장소였다. 한적한 시골 마을일 거라 생각했지만, 막상 가 보니 자연과 현대적인 요소가 산을 배경으로 조화롭게 어우러져 있었다.

아늑한 마을 분위기와 다양한 먹거리를 즐길 수 있었고, 마을 중심가에서 조금만 벗어나도 넓은 논과 고요한 풍경이 펼쳐져 심신의 피로가 눈 녹듯 사라지는 듯했다. 우리는 마을 중심가를 따라 이 집 저 집을 구경하며 여러 가지 음식을 맛보았다. 일본에서 가장 맛있다는 가게의 고로케는 후추 맛이 강하게 느껴졌고, 현지에서 가장 맛있다고 소문난 오야키도 먹어 보았는데, 나가노의 오야키가 더 맛있다는 느낌이었다. 그리고 진한 맛의 젤라토는 파우더를 조금 덜 넣었으면 더 좋았겠다는 생각이 들었다. 그래도 괜찮았다.

아내와 함께 3시간 남짓 이런저런 이야기를 나누며 사진도 찍었다. 오랜만에 둘만의 데이트 시간을 가질 수 있어서 참 행복했다. 작은 강가에서는 물고기들이 헤엄치는 모습이 보였는데, 그 물고기들의 비늘에 햇빛이 비치자 금빛처럼 반짝였다. 호수의 물고기 비늘이 석양에 빛나는 것을 보고 '긴린코(金鱗湖)'라고 이름 붙였던 이유를 알 것 같았다. 마을 역 근처에 무료로 족욕할 수 있는 곳이 있어서 잠시 휴식을 취했다. 따뜻한 물에 발을 담그며 여유를 느끼던 중, 아내가 한마디 했다.

"오늘 정말 행복했어요. 고마워요!"

아내의 말을 들으니 내 마음도 따뜻해졌다. 문득 학창 시절에 읽은 책, 『파랑새』가 떠올랐다. 행복이라는 이름의 파랑새를 찾아 떠났던 주인공이 힘든 모험 끝에 결국 파랑새를 찾지 못하고서 집으로 돌아와, 사실 파랑새는 자신들이 기르던 비둘기였다는 사실을 깨닫는 내용이다. 행복이란 먼 곳에 있지 않고 가까운 곳에 있음을 알려 주는 이야기이다. 부부의 행복도 마찬가지인 듯하다. 나와 가장 가까이 지내는 아내를 통해, 아내와 함께, 행복을 누릴 수 있어서 감사하다.

이러므로 남자가 부모를 떠나 그의 아내와 합하여 둘이 한 몸을 이룰지로다 _창 2:24

16장
일본 선교사 가정

| **내가 니를 키운 게 아인기다** |

    2020년 일본의 가정 폭력(DV) 상담 건수가 역대 최대인 13만 2,355건을 기록했다고 한다. 특히 미성년 자녀에 대한 학대 관련 상담이 크게 증가했다는 점이 주목할 만하다. 코로나로 인한 외출 자제와 재택근무의 결과로 부모와 아이들이 집에서 함께 지내는 시간이 길어지면서 각자 스트레스와 불만이 쌓이고, 이러한 내적 갈등이 외적인 폭력과 학대로 나타났다는 것이다.

    코로나는 우리 삶의 패턴과 일상을 크게 변화시켰다. 가족과 함께하는 시간이 많아졌지만, 오히려 긴밀한 유대감보다는 갈등과 불만을 키우기도 했다. 가족이 함께하는 시간이 소중하다는 것을 알면서도, 막상 그 시간이 주어졌을 때 무엇을 어떻게 해야 할지 훈련되지 않았던 것이라고 본다.

우리 가정 또한 함께하는 시간이 많아지면서 아내와 딸 사이에 부딪히는 일이 종종 생겼다. 특히 두 살 된 아이는 기분이 나쁠 때마다 물건을 던지곤 했다. 몇 차례 주의를 주었지만, 쉽게 고쳐지지 않았다. 그래서 나는 "아이를 훈계하지 아니하려고 하지 말라 채찍으로 그를 때릴지라도 그가 죽지 아니하리라"(잠 23:13)라는 말씀의 가르침을 따라, 아이에게 "물건을 던지면, 발바닥 한 대씩 때릴 거야"라고 말했다. 아이는 무슨 말인지도 모른 채 "응응"이라고 대답했다. 지금까지 딱 두 번, 작은 매로 아이의 고사리 같은 발바닥을 때렸는데, 때릴 때마다 마음이 불편했지만 이후 아이의 행동에는 긍정적인 변화가 나타났다.

얼마 전에 아내와 딸의 훈육 문제에 대해 긴 대화를 나누었다. 아내는 내가 아이의 발바닥을 때리는 것이 매우 불편하다고 했다. 자신도 어린 시절 아버지에게 맞았던 기억이 아직까지 상처로 남아 있다는 것이다. 혹시 우리 아이에게도 이런 훈육 방식이 상처와 트라우마로 남을까 봐 걱정된다고 했다. 아내와 함께 이 문제를 놓고 함께 기도하자고 이야기하긴 했지만, 자녀 교육을 과연 어떻게 해야 할지 혼란스러웠다. 신앙과 말씀으로 자녀를 양육하는 일이 얼마나 어렵고, 또한 얼마나 신중해야 하는지 뼈저리게 느꼈다. 주님께 지혜를 구하면서 기도하던 중에, 문득 어머니께서 예전에 내게 해 주셨던 말씀이 떠올랐다.

"내가 니를 키운 게 아인기다. 하나님이 니를 키우셨다. 내는 니를 위해 기도했을 뿐이다! 그러니 이 애를 키울 때도 그래 하믄 된다!"

자녀를 위한 신앙 교육도 물론 중요하지만, 가장 중요한 것은 바로 기도임을 깨달았다. 부모가 눈물로 기도하는 자녀를 어찌 주님께서 돌봐주지 않으시겠는가. 그 자녀는 결코 망하지 않는다. 그동안 아이들을 위한 기도를 소홀히 했던 것을 회개하며, 나도 어머니처럼 아이들을 위해 기도의 끈을 놓지 말아야겠다고 다짐했다.

| **사랑, 깊은 심연에서** |

크리스천 화가인 호시노 토미히로의 수필집, 『사랑, 그 깊은 심연에서(愛、深き淵より)』

2024년 4월 28일, 일본의 화가이자 크리스천으로 널리 알려진 **호시노 토미히로**(星野富弘)가 세상을 떠났다. 그의 시와 그림은 수많은 사람들에게 위로와 희망을 주고 있다. 하지만 그는 대학을 졸업하고 중학교 체육 선생님이 된 지 불과 두 달 만에, 철봉에서 학생들에게 공중회전 시범을 보이다가 목부터 떨어지는 사고를 당했다. 이 사고로 인해 목 아래 신경이 전부 마비되었다.

호시노는 병실에 누워 천장을 바라보는 것 외에 아무것도 할 수 없는 처지에 놓였다. 처음에는 목소리조차 나오지 않았고, 목 밑으로는 아무런 감각이 없었다. 그의 어머니는 불구가 된 아들을 위해 헌신적으로 간호했다. 식사와 배변은 물론, 가래 흡입과 몸 뒤집기까지 9년 동안 아들을 곁에서 돌보았다. 심지어 호시노가 분노와 부정적인 감정을 거침없이 내뱉을 때도 묵묵히 받아 주었다고 한다.

절망과 좌절에 빠져 있던 호시노는 어머니의 사랑과 헌신에 감동을 받아, 입으로 붓을 물고서 시를 쓰고 그림을 그리기 시작했다. 그의 작품을 접한 사람들은 어둠 속에서 희망을 발견하고, 슬픔과 고통 속에서 큰 위로를 얻었다고 한다. 나도 그가 병상에서 남긴 기록을 읽은 적이 있는데, 『사랑, 그 깊은 심연에서(愛、深き淵より)』라는 책에서 그는 이렇게 고백한다.

> 하나님이 단 한 번만이라도 나의 팔을 움직이게 해 주신다면, 어머니의 어깨를 두드려 드리고 싶다. 바람에 흔들리는 냉이 풀의 꽃 열매를 보고 있으면 그런 날이 정말로 올 것만 같다.[19]

---

19 星野富弘, 『愛、深き淵より』(立風書房, 1994), 8.

바람에 흔들리는 냉이 풀의 꽃 열매를 보며 어머니의 사랑과 헌신에 대한 감사의 마음을 표현한 그의 고백은 독자들에게 깊은 감동을 준다. 그리고 우리가 흔히 지나쳐 버리기 쉬운 평범한 일상에도 주님의 은혜와 복이 깃들어 있음을 돌아보게 된다.

매년 5월에 어버이날을 맞이하면서 나도 어머니의 사랑과 섬김에 감사함을 느낀다. 그리고 세 자녀를 키우는 부모가 된 지금, 한때는 이해하지 못했던 어머니의 모습을 이제는 조금이나마 헤아릴 수 있게 되었다.

> 마땅히 행할 길을 아이에게 가르치라 그리하면 늙어도 그것을 떠나지 아니하리라 _잠 22:6

| 경단보다 꽃 |

매년 봄마다 일본의 마을과 거리에는 벚꽃이 눈처럼 흩날린다. 이러한 벚꽃의 일시적인 아름다움을 즐기는 꽃구경을 '하나미(花見)'라고 한다. 이때 사람들은 흰색, 벚꽃색, 녹색의 하나미 경단을 꼬치에 끼워서 먹는다. 하나미 경단의 흰색은 겨울의 남은 흔적을, 벚꽃색은 봄의 생명을, 녹색은 여름의 기대감을 상징한다.

일본 속담에는 "꽃보다 경단(花より団子)"이라는 말이 있는데, 단지 추상적인 꽃구경보다 먼저 달달한 경단을 먹고 배가 불러야 꽃구경도 즐길 수 있다는 의미다. 즉, 허울보다는 실속을 추구하자는 뜻이다. 이 표현은 일본어 발음이 '하나요리당고'인데, 『꽃보다 남자(花より男子)』라는 유명한 일본 만화와 발음이 같다.

나는 솔직히, 가족들과 함께 지내는 공간에서도 선교 사역에 관한 생각뿐이다. 가족과 함께하는 시간은 꽃구경을 가는 것과 비슷한 느낌을 주고, 선교 사역은 실속을 추구하는 경단처럼 느껴진다. 물론 가족과의 시간이 소중하다는 것을 알고 있지만, 실제로 그 시간을 어떻게 보내야 할지 구체적인 행동으로 옮기지 못하고 있다. 늦은 밤 아내와의 대화나 가족과의 식사, 동역자 가족들의 안부를 묻는 경우가 점점 줄어들고 있다. 그런 상황에서 여유로운 시간이 생겼을 때, 가족과 함께 어떻게 보내야 할지 당황스러울 때도 있다.

하지만 내가 내 가족을 잘 돌보지도 못하면서 어떻게 성도들을 잘 돌볼 수 있겠는가? 내 아이들을 세심히 살피지 못하면서 어떻게 남의 아이들을 소중히 여길 수 있겠는가? 선교사는 사명을 따라 선교지로 가지만, 어린 자녀들은 자신의 의사와 상관없이 부모를 따라야 한다. 모든 것이 부모의 선교 사역과 스케줄에 맞춰져 있고, 아이들에게는 선택의 여지가 거의 없다. 물론 주님은 선교사에게 가족의 희생과 헌신을 요구할 때가 있는데, 이것이 나에게 가장 큰 부담이자 고통이다.

하지만 문득 이런 생각이 든다. 경단의 즐거움과 행복도 결국 벚꽃이 피어 있기 때문이지 않은가. 아무리 맛있는 경단이라도 벚꽃이 눈처럼 흩날리지 않으면 그 진미를 온전히 음미할 수 없지 않은가. 가족과 선교 사역도 마찬가지라 생각한다. 선교사의 가정에 벚꽃이 눈처럼 흩날리지 않는데, 혼자서 경단만 먹고 있다면 과연 그것이 행복이라고 말할 수 있을까? 그래서 경단보다 꽃이 중요하다는 것이다.

> 누구든지 자기 친족 특히 자기 가족을 돌보지 아니하면 믿음을 배반한 자요 불신자보다 더 악한 자니라 _딤전 5:8

| 아이로 인한 기쁨 |

오늘은 둘째 딸의 유치원에서 미니 운동회가 있었다. 이제 막 한 살이 된 아이가 걷고, 뛰고, 웃고, 울며 열심히 참여하는 모습을 보니 정말 행복했다. 아이의 서툰 걸음걸이 때문에 넘어져 울음을 터뜨려도, 아직 옹알이만 할 뿐 말을 제대로 하지 못해도, 내 눈에는 아이의 모습이 그저 예쁘기만 했다. 그런 아이를 바라볼 때마다 내 마음은 기쁨으로 채워진다. 아이를 바라보며 느낀 이 마음을, 주님도 나를 보시며 느끼실까? 문득 성경 말씀이 떠올랐다.

> 너의 하나님 여호와가 너의 가운데에 계시니 그는 구원을 베푸실 전능자이시라 그가 너로 말미암아 기쁨을 이기지 못하시며 너를 잠잠히 사랑하시며 너로 말미암아 즐거이 부르며 기뻐하시리라 하리라
> _습 3:17

이 말씀은 죄로 인해 심판받을 수밖에 없는 이스라엘 백성을 향한 주님의 약속이다. 우상 숭배와 온갖 죄악으로 인해 그들은 하나님의 백성이라 불릴 자격조차 잃어버린 상태였다. 하지만 주님은 그런 그들을 회복시키겠다고 말씀하셨다. 고집스럽고 이기적인 모습뿐이었던 이스라엘 백성을 보시며, 주님이 기쁨을 이기지 못해 노래하신다니…. 도저히 설명할 수 없는 하나님의 사랑이다.

여전히 실수투성이인 나를 돌아보면 한숨만 나온다. 다람쥐 쳇바퀴를 도는 것 같은 지루한 일상이 반복될 때, 또는 부단히 노력했지만 결과가 보이지 않을 때, 쉽게 실망하고 원망이 생긴다. 바쁘고 힘든 일들 속에서 불평이 입 밖으로 나올 때도 있다. 주님은 이런 옹졸한 내 모습을 보시고 어떤 마음이실까?

하지만 아이를 키우면서 주님의 마음을 조금씩 깨닫게 된다. 내가 내 아이를 바라보는 마음처럼, 주님도 나를 그러한 마음으로 바라보

신다는 것을 말이다. 내가 아무리 부족하고 연약한 모습뿐일지라도, 주님은 나를 보시며 여전히 기뻐하시고 사랑하심을 믿는다. 세상에서 단 한 사람만이라도 나를 지지하고 응원해 준다면, 다시 일어설 힘을 얻을 수 있다. 주님이 바로 그러한 분이시다. 주님의 사랑에 힘입어 오늘도 다시 일어설 용기를 얻는다.

| **삶에 쉼표와 띄어쓰기가 필요한 이유** |

며칠 전에 큰딸이 초등학교에서 건강 검진을 받았다. 2025년부터 초등학교 입학 준비의 과정이었는데, 아이는 시력 검사에서 'A'를 받았다고 매우 기뻐했다. 나도 그 기쁨을 함께 나누며, 동시에 세월이 얼마나 빠르게 흐르는지 실감했다. 문득 아이와 함께하는 시간이 점점 줄어들고, 아이와 찍은 사진도 점차 적어지고 있다는 생각이 들었다.

조금 여유가 생겨 아이와 함께 공원으로 산책을 나갔다. 울창한 숲을 걷다 보니 평소에는 듣지 못한 새소리도 들리고, 따스한 햇볕과 푸른 하늘도 눈에 들어왔다. 자연 속에서 주님의 숨결과 섭리를 생각하며 마음이 편안해졌다. 공원 중앙에 작은 언덕이 있었고, 아이는 그곳에서 떨어진 도토리를 줍고 있었다. 아이는 정신없이 도토리를 줍다가, 내가 멀리 떨어져 있어도 내 뒷모습을 보고 열심히 뛰어왔다.

그 모습을 보며 자연스레 마음이 좋아졌고, 잠시 예수님을 바라보며 여유를 가지고 쉬는 것에 대해 생각하게 되었다.

잠시 쉼표가 주는 여유

아름다운 음악을 들으면서도 소리만 들릴 뿐 마음에 감동이 흐르지 않는다면, 지금은 쉴 때입니다. 방글방글 웃고 있는 아기를 보고도 마음이 밝아지지 않는다면, 지금은 쉴 때입니다. 식구들 얼굴을 마주 보고도 살짝 웃어 주지 못한다면, 지금은 쉴 때입니다. 아침에 눈을 떴을 때 창문을 비추는 아침 햇살이 눈부시게 느껴지지 않는다면, 지금은 쉴 때입니다. 오랜만에 걸려 온 친구의 전화를 받고 "바쁘다"라는 말만 하고 끊었다면, 지금은 쉴 때입니다. 아름다운 음악을 들으면서도 소리만 들릴 뿐 마음에 감동이 흐르지 않는다면, 지금은 쉴 때입니다. 사랑하는 사람과 헤어진 뒤 멀어지는 뒷모습을 보기 위해 한 번 더 뒤돌아보지 않는다면, 지금은 쉴 때입니다.[20]

이 글은 우리에게 언제 쉼이 필요한지를 알려 준다. 일반적으로, 글에서 쉼표와 띄어쓰기가 필요한 이유는 문장의 흐름을 바꾸기 위

---

[20] 정용철, 『마음이 쉬는 의자』 (서울: 좋은생각, 2002), 110.

함이다. 마찬가지로 삶에도 쉼표와 띄어쓰기처럼 여유가 필요하지 않겠는가? 하지만 여유를 가지고 쉰다는 것은 나에게 참 힘든 일이다. 막상 쉬기로 마음을 먹어도 어떻게 쉬어야 할지 고민될 때가 많다. 때로는 그런 고민조차도 귀찮아서 사역에 매진할 때가 있었다.

하지만 바쁠 때는 바쁜 대로, 여유가 있을 때는 여유롭게 사는 법을 배워야 하지 않을까. 물론, 어떤 상황에서도 자족하는 것은 자신의 노력이나 경건으로 이루어지는 일이 아니라, 온전히 주님의 은혜로 가능하다고 믿는다. 먼저 가족들과 함께 여유롭게 지내는 법을 익히기로 다짐하며, 이 마음에 주님의 은혜가 부어지기를 기도한다. 어떠한 형편에서도 자족하는 법을 배운다면, 주님의 능력이 더욱 풍성하게 나타날 것이라고 믿는다.

> 어떠한 형편에든지 나는 자족하기를 배웠노니 나는 비천에 처할 줄도 알고 풍부에 처할 줄도 알아 모든 일 곧 배부름과 배고픔과 풍부와 궁핍에도 처할 줄 아는 일체의 비결을 배웠노라. 내게 능력 주시는 자 안에서 내가 모든 것을 할 수 있느니라 _빌 4:11-13

제5부

일본 선교의
그루터기

17장
일본 교회의 목회

| **현실의 벽이 버겁다고 여겨질 때** |

일본 미자립 교회라는 현실의 벽은 생각보다 높다. 하나부터 열까지 신경 써야 할 것들이 너무 많다. 특히나 교회당 옆을 지나가는 사람들이 이곳을 교회 건물처럼 보지 않는다는 점이 마음에 걸렸다. 어떻게 해야 할지 고민하며 기도했다. 주님께서 왜 나를 이런 교회로 인도하셨는지 잘 모르겠지만, 뭔가 하지 않으면 안 된다는 생각이 들었다.

무더운 날씨 속에서 온종일 교회당 앞에 있는 나뭇가지를 치고, 한쪽 모퉁이에 쌓인 큰 돌들을 쪼개고 부수는 작업을 했다. 누가 시켜서 한 것이 아니라, 주님께서 그러한 마음을 주셨다. 그날 평소 잘 사용하지 않던 근육을 쓰는 바람에 근육통이 심해 잠도 잘 이루지 못했지만, 이상하게도 마음은 평안했다. 문득 "너희 안에서 행하시는 이는 하나님이시니 자기의 기쁘신 뜻을 위하여 너희에게 소원을 두고 행하게 하시나니"(빌 2:13)라는 말씀이 생각났다.

돌이켜 보면, 나의 가장 큰 문제는 선교 사역이 편안하면 복을 받았다

무더운 여름, 교회당 외관을 정비하고 있다.

고 여기고, 힘이 들면 포기하고 싶어지는 데 있었다. 너무 힘들면 모든 짐을 벗어 던지고 어딘가로 훌쩍 떠나고 싶은 마음이 든 적도 있다. 물론 예수님도 하나님께 이 잔을 내게서 옮겨 달라고 기도하신 적이 있다. 하지만 결국 끝까지 십자가의 길을 가셨다.

일본 선교의 사명은 사역의 규모나 환경의 편안함에서 오는 것이 아니라, 주님과 동행하고 있다는 내적 확신과 응답에서 오는 것임을 깨닫는다. 주님이 나와 함께하신다는 믿음만 있다면, 주님으로 인해 기뻐하고 행복할 수만 있다면, 그리스도 교회의 머리이신 예수에 대해 진정 신뢰할 수 있다면, 현실의 벽이 아무리 높아 보이더라도 예수

님과 친밀히 동행하며 십자가의 길도 기쁨으로 걸어갈 수 있으리라
믿는다. 정말 그러한 삶과 고백을 할 수 있길 간절히 기도하면서, 찬
양을 부르며 하루를 시작했다.

> 이에 예수께서 제자들에게 이르시되 누구든지 나를 따라오려거든 자
> 기를 부인하고 자기 십자가를 지고 나를 따를 것이니라 _마 16:24

| 돈이 있으면 뭐든지 다 되느냐 |

2023년 5월에, 교회 옆에 사는 이웃 주민이 교회의 콘크리트 담장이 허물어지고 있다는 사실을 알려 주었다. 20m가 넘는 콘크리트 담장은 40여 년이 지나면서 뼈대가 부식되고, 곳곳에 금이 가며 부서지고 있었다. 나는 먼저 이웃 주민에게 정중히 사과하고, 교회에서 빠르게 대응하겠다고 약속하며 안심시켰다.

하지만 이웃집과 콘크리트 담장이 세워진 경계가 애매해 어떻게 처리해야 할지 막막했다. 일본에서는 서류와 절차가 중요하다는 것을 잘 알기에, 먼저 담장이 세워진 경계선과 위치, 지도 등 관련 자료를 확인하기 위해 구청과 법무성을 방문해서 상담을 받았다. 이후 공사 업체에 콘크리트 담장 해체와 철거, 그리고 새로운 펜스 설치에

대한 비용 견적을 요청했다. 그러나 예상보다 훨씬 높은 비용 견적서를 보며 한동안 마음고생을 해야 했다. 현재의 교회 예산으로는 도저히 엄두가 나지 않았기 때문이다.

6월 교회 임원 회의 때, 한 달 동안 조사한 자료를 공유하며 앞으로의 대처 방안을 논의했다. 여러 안건이 나왔지만, 우선 교회에서 허물고 부서진 곳을 해체하기로 결정했다. 교회에서 하기로 한 일이라는 것도 결국 내가 혼자서 해야 할 일이었다. 작업에 앞서 이웃 주민에게 담벼락을 허물겠다고 양해를 구한 뒤 작업을 시작했다.

콘크리트를 부술 수 있는 해머와 드릴은 가격이 비쌌기에, 내 사비로 가장 저렴한 망치와 정을 구입했다. 종일 망치질을 하고 있는데, 이웃 주민들이 소리를 듣고서 하나둘씩 모여들었다. 주민들에게 "보통은 업체를 불러 시일을 공고한 뒤 공사를 진행하지만, 우리 교회는 돈이 없어서 제가 직접 하고 있습니다"라고 여러 번 설명하며 안심시켰다. 하지만 온종일 망치질을 해서 육신이 피곤한 것보다 마음이 더욱 무거웠다. 늦은 저녁, 무거운 마음을 되돌아보았다. 주님께서 내가 한 말에 화가 나신 것 같았다.

"너는 돈이 없어서 이 일을 하고 있다고 말했지만, 그럼 돈이 있으면 무엇이든 다 되느냐?"

종일 망치질로 교회당 담벼락을 허물었다.

순간 내가 얼마나 잘못 생각하고 말했는지 깨달았다. 주님 앞에서 회개하며, 이루 말할 수 없는 죄송함과 서러움에 눈물을 흘렸다. 며칠간 몸도 마음도 너무 지쳐 일어나지도 못했다. '교회의 예산이 없어서 어쩔 수 없다', '교회의 재정이 충분하니 진행하자', '교회니까 괜찮지 않을까'라는 생각조차도 교회의 머리 되신 예수님께서 기뻐하지 않으신다는 것을 다시금 깨달았다.

그리스도인은 선한 청지기로서 교회의 돈과 재산을 지혜롭게 관리하고, 계획적으로 운용할 책임이 있다. 하지만, 절대 불가능해 보이는 상황에 직면했을 때에도, 우리의 힘과 능력이 아닌 오직 주님의 능력으로 이루어진다는 약속의 말씀을 붙들고 나아가야 한다는 사실을 잊지 말아야 한다. 고난과 역경의 길을 걸어가는 교회에는 십자가의 흔적, 스티그마(stigma)가 빛나게 될 것이다. 앞으로도 이런 스티그마가 새겨진 교회가 될 수 있도록 늘 주님의 뜻을 따라가고자 한다.

이후로는 누구든지 나를 괴롭게 하지 말라 내가 내 몸에 예수의 흔적
을 지니고 있노라 _갈 6:17

| 예수님과 동행하는 교회로 |

이번 주 설교는 "매일 예수님과 함께하는 예배"로 준비하고 있다. 본문 말씀인 창세기 5장에서 에녹의 생애에 대한 한 구절의 말씀이 매우 인상적이다. "에녹이 하나님과 동행하더니 하나님이 그를 데려가시므로 세상에 있지 아니하였더라"(창 5:24). 에녹은 성경에서 처음으로 하나님과 동행한 인물로 기록되어 있다. 에녹은 하나님을 멀리하는 세상의 격류 속에서도 주님과 어떻게 동행할 수 있었는지 우리로 하여금 궁금증을 자아내는 인물이다.

매일 분주한 선교 사역을 하면서도 끊임없이 주님의 임재를 의식하며 산다는 것은 정말 어려운 일이다. 마찬가지로 바쁜 직장 생활을 하거나 치열한 경쟁 속에서 살아가는 성도들에게도 매 순간 예수님을 생각하며 사는 일이 현실과는 동떨어진 일처럼 보일 수 있다. 매 순간 주님을 바라보며 산다는 것이 어쩌면 불가능한 일이라는 생각이 들기도 한다.

새로운 사역지에 온 지 벌써 수개월이 지났다. 그동안 교회 성도들

과 함께 예배와 교제를 나누며 계속해서 반복한 말이 있다. "매일 예수님과 동행해요. 이것은 우리의 인생에서 가장 행복한 일입니다"라는 말이다. 기도를 하거나 설교를 할 때도, 격려 메시지를 보낼 때도 이러한 말을 반복했다. 그러다 보니 일본인 성도들의 기도가 조금씩 변화하기 시작했다. "매일 예수님과 동행할 수 있도록 도와주세요"라고 기도하는 성도들이 하나둘씩 생겨났다.

일본 성도들에게 아직 예수님과 친밀한 동행을 위한 훈련이나 개인적인 일기를 쓰도록 권하지는 않는다. 왜냐하면 성도들 모두가 에녹 같은 믿음과 결단을 내리는 것이 쉽지 않은 현실이며, 많은 시간이 필요하고, 신뢰 관계나 공감대 형성도 필요하기 때문이다. 대신 매주 주일 설교와 기도 모임에서 예수님과 동행하는 은혜와 복을 끊임없이 나누고 있다.

매일 육신의 연약함과 세상의 유혹 속에서 힘겹게 살아가는 성도들에게는 함께하는 교회 공동체가 꼭 필요하다. 예수님과 친밀하게 동행하는 것도 혼자만의 노력으로 이루어지기 어렵고, 교회 공동체가 함께 노력하며 나아가야 하는 일이다. 우리 교회가 교회의 머리이신 예수님의 뜻에 순종하며 걸음을 내디딜 때, 영혼 구원과 주님의 제자로 성장할 것을 믿는다. 모든 성도가 예수님과 동행하는 교회로서 세워 나가야 하는 것이야말로 일본 교회 목회의 핵심이 아닐까.

> 그에게서 온몸이 각 마디를 통하여 도움을 받음으로 연결되고 결합되어 각 지체의 분량대로 역사하여 그 몸을 자라게 하며 사랑 안에서 스스로 세우느니라 _엡 4:16

| 밥은 먹었어? 같이 밥 먹으러 가자! |

주일 예배 후 식사 시간에, 몇몇 분들이 소면을 준비해 주셔서 함께 먹었다. 나는 간단하게 쓰유를 적신 소면만 먹겠거니 했는데, 다양한 토핑과 디저트까지 준비되어 있어서 매우 푸짐하게 먹을 수 있었다. 누군가를 섬기고자 하는 일본인 성도들의 마음이 매우 감동적이었다. 그러나 에어컨이 닿지 않는 무더운 주방에서 뜨거운 냄비에 소면을 삶는 모습을 보면서는 미안한 마음이 들었다. 혹시 식사 준비가 힘들고 부담스러운 일은 아닐까 걱정되었다.

식사를 준비하면서 누군가는 그릇의 배치를 고민하고, 또 다른 사람은 종이컵이 없는 것에 당황해하며 커피잔에 물을 담아도 되는지 고민하고 있었다. 배가 고파 먼저 먹기 시작하는 아이들도 있었다. 만약 우리가 함께 식사를 하지 않았다면, 이런 수고나 배려를 할 필요가 없었을 것이고, 그저 예배만 참석하고서 곧장 집으로 돌아가거나 어디론가 놀러 가거나 가족과 시간을 보내는 것이 가능했을 것이다. 그런데 왜 굳이 교회에서 식사 시간을 가지는 것일까?

그것은 교회 교우들 간에 서로를 배려하고 섬기는 것을 실천하기 위함이다. 식사 준비는 그러한 가장 기본적인 실천의 장이며, 그 안에서 예수님의 마음을 배우는 기회가 된다. 우리는 흔히 어머니가 만들어 주신 밥을 잊지 못한다. 어른이 되어 깨닫는 것은, 어머니가 만들어 주신 밥을 통해 내가 성장했다는 사실이다. 어릴 적, 내 어머니는 아침 일찍 일어나 아침밥과 도시락을 준비해 주셨다. 나는 아무 생각 없이 어머니가 만들어 주신 밥을 먹고 도시락을 들고서 학교에 갔다. 그것이 당연하다고 여겼으나, 어른이 되고 부모가 되어 보니 그것이 결코 당연하지 않음을 알게 되었다. 부모가 된다는 것은 책임감과 성실함으로 자녀를 섬기는 일이었던 것이다.

우리의 교회 생활도 마찬가지다. 식사 준비와 섬김을 통해서 영혼을 배려하는 마음을 배울 수 있다. 그래서 교우들과의 식사는 단순히 배를 채우기 위한 시간이 아니라, 예수님의 마음을 배우는 시간이다. 이 세상에서 경험할 수 없는 주님의 위로와 은혜를 경험하게 되면, 믿지 않는 사람들과도 함께 식사하고 싶다는 마음이 자연스럽게 생길 수 있다. 믿지 않는 이들이 우리와 함께 식사하며 일상을 나누는 가운데, 우리와 함께하시는 예수님을 보게 될 수 있다.

지치고 힘들 때 누군가 내민 물 한 잔이나 정성껏 차려 준 따뜻한 밥 한 끼는 때로 말로 설명할 수 없는 감동을 주기도 한다. 그러한 따뜻한 섬김이 또다시 일어설 힘과 용기가 된다. 만약 예수님께서 그런 사람들을 만나셨다면 뭐라고 하셨을까? "밥은 먹었어? 같이 밥 먹으러 가자!"라고 말씀하지 않으실까 하는 상상을 해 본다.

> 볼지어다 내가 문밖에 서서 두드리노니 누구든지 내 음성을 듣고 문을 열면 내가 그에게로 들어가 그와 더불어 먹고 그는 나와 더불어 먹으리라 _계 3:20

올해의 한자

일본에서는 매년 12월 12일이 되면, 한 해를 반영하는 한자를 전국에서 공모하여 가장 많은 표를 받은 한자를 올해의 한자로 선정한다. 이 한자는 교토시의 **기요미즈데라**(清水寺)에서 발표하는데, 2022년에는 '전(戦)' 자가 올해의 한자로 선정되었다. 우크라이나 침공, 북한의 잇따른 미사일 발사로 전쟁에 대한 공포와 코로나 바이러스와의 싸움이 일상에서도 계속되었다는 점이 거론되었다.

그리고 2023년에는 '세(税)' 자가 올해의 한자로 선정되었다. 물가가 급등하면서 국민의 삶이 어려웠던 한 해였고, 소비세 인상, 소득세, 주민세, 국방비 등과 관련된 뉴스가 연일 보도되었기 때문이다.

실제로 원자재비와 에너지 비용의 급등으로 인해 가게가 문을 닫거나 기업이 도산하는 사례가 많았고, 교회 역시 문을 닫게 되는 경우도 있었다. 이러한 현실을 보며 '앞으로 어떻게 될 것인가?', '정말 희망이 있는 것인가?'라는 생각이 들었다.

2024년 올해의 한자는 '금(金)'으로 선정되었다. 그 이유는 파리 올림픽에서 다수의 금메달을 획득한 것이나 20년 만에 새 지폐가 발행된 점과 같은 긍정적인 면도 있고, 정치적 비자금 문제, 금품을 노리는 불법 아르바이트, 멈추지 않는 물가 상승 등의 부정적인 면도 있었기 때문이다. 이로써 '금'이라는 한자를 통해 2024년이 일본 사회의 명암이 교차했던 한 해였음을 알 수 있다.

이러한 시대적 흐름과는 별개로 개인에게 있어 올해의 한자는 저마다 다를 것이다. 얼마 전, 한 예능 프로그램에서 거리의 사람들에게 개인적인 올해의 한자를 적어 보도록 하는 것을 보았다. '육(肉)', '오(汚)', '증(増)', '락(落)', '취(酔)', '탈(脱)', '병(病)', '미(未)' 등 다양한 한자가 언급되었다. 이러한 한자를 통해 그들이 경험한 한 해의 일들과 기억을 돌아보고 재미있게 이야기하는 모습이 참 인상적이었다.

그렇다면 우리 교회 성도들에게 올해의 한자는 무엇일까? 얼마 전 있었던 기도회에서 성도들과 함께 올해의 한자를 이야기해 보았다. 참석자들은 각자 '비(備)', '학(学)', '지(支)', '뢰(頼)', '전(戦)', '공(共)'과 같은 한자를 들며 주님의 은혜와 감사를 함께 나누었다. 한해를 주님의 시점으로 바라보니 모든 일이 새롭게 해석되어서 모두의 마음이 따뜻해지는 것을 느낄 수 있었다.

내 올해의 한자는 '주(主)'였다. 매 순간 함께하시는 주님을 의식하며, 주님과 더욱 친밀한 관계를 갖고 싶다는 마음이 컸기 때문이었다. '주님의 뜻은 무엇일까?', '주님이라면 어떻게 하셨을까?', '매 순간 주님을 의식하고 있는가?'를 고민하면서 주님과 동행하는 것을 소중히 생각했다. 물론 주님의 뜻에 합당하지 않은 말과 행동을 해서 낙심한 적도 있었고, 교회 사역을 위해 많은 시간과 에너지를 쏟았음에도 눈에 보이는 열매가 없어서 한숨을 쉬었던 날들도 있었다. 또한 선교 사역에 쫓기다 보니 말씀과 기도에 전념할 시간을 충분히 갖지 못한 적도 있었다. 게다가 여러 유혹과 영적 싸움, 예상치 못한 문제들과 과제들로 몸과 마음이 지쳐 실의에 빠질 때도 있었다. 그러나 나와 함께하시는 주님께서 끝없는 사랑과 은혜로 위로와 힘을 주셨다. 그동안 기록해 놓은 것을 다시 읽어 보면, 그 사실을 새삼 깨닫게 된다. 새해에도 주님의 손을 붙잡고, 오직 주님과 동행하는 삶을 살기를 기도한다.

> 우리가 살아도 주를 위하여 살고 죽어도 주를 위하여 죽나니 그러므로 사나 죽으나 우리가 주의 것이로다 _롬 14:8

일본 선교에 참여하는 사람들

| **아름답도다! 좋은 소식을 전하는 자들의 발이여** |

일본 선교에 참여하는 사람들은 여러 가지 형태로 전도를 한다. 개인 전도, 방문 전도, 노방 전도, 캠퍼스 전도, 역 앞 전도 등의 다양한 전도 방법이 있지만, 나는 일본어에 대한 부담을 최소화하면서 복음을 전할 수 있는 방법 중 하나가 '우편함 포스팅'이라고 생각한다. 우편함 포스팅은 각자의 페이스에 맞추어 전도지를 넣으면 되고, 동시에 기도도 할 수 있다. 사실 전도란 사람들을 즉시 회개시키는 것이 아니라, 사람들이 하나님께 돌아오기를 바라는 마음으로 복음을 전하는 것이다. 구원과 회개는 전적으로 하나님의 은혜이기 때문이다.

한국 성결교회와 일본 홀리니스 교회의 발전에 많은 도움과 지원을 한 **동양선교회**(Oriental Missionary Society)는 1901년 창설 초기

부터 현재까지 한국 교회와 일본 교회 간에 다양한 선교 협력 관계를 유지해 오고 있다. 특히 1912년부터 1918년까지, 동양선교회 지방 전도대는 "Great Village Campaign"이라는 전도 사역을 통해 일본 전국의 가정에 전도지를 배포했다. 『홀리니스 신앙의 형성(ホーリネス信仰の形成)』이라는 책에 이에 대한 기록이 있다.

> 6인 1조로 팀을 구성하여, 한 명의 선교사가 리더가 되고 다섯 명의 일본인이 함께 사역을 하였다. 그리고 군사용 지도를 이용하여 모든 도로와 집과 골목을 조직적으로 이동하면서 전도지를 배포했다. … 1915년 3월 시점에서 그들의 활동은 일본 전역의 약 1,030만 가구의 3분의 1을 포함하여, 일본 전체 인구 5,300만 명 중 1,800만 명에게 전도지를 배부했다. 이 시점에서 총 5명의 선교사와 33명의 일본인이 활동했는데, 그들은 한 달에 100만 명, 20만 가구에 전도지를 배포했다.[21]

동양선교회 지방 전도대가 6년에 걸쳐 당시 20만 엔이라는 거액을 들여 진행하여 전도지를 배포했던 것이 이후에 큰 결실을 맺었다고 하는 증언이다. 2024년부터 우리 교회도 "오이코스 전단지 전도"를 진행하고 있다. 오이코스는 집이나 가정을 의미하는데, 우리 교회

21　日本ホーリネス教団歴史編纂委員会, 『ホーリネス信仰の形成 日本ホーリネス教団史第一巻』(日本ホーリネス教団, 2010), 306.

를 중심으로 반경 1.5km 내에 있는 가구, 약 1만 5천 가구에 교회 안내 전단지와 뉴스 레터를 배포하고 있다. 계절마다 교회의 활동과 사역을 되돌아보며, 지역 사회에 우리 교회의 존재와 활동을 알리는 것이다. 봄에는 약 3,000장, 여름에는 약 10,000장, 가을에는 2,000장을 배포하고, 겨울에는 3,000장을 배포하였다. 특히 여름에는 선교 팀과 함께 무더운 날씨 속에서 전단지를 돌렸다. 이들이 흘린 땀과 수고는 반드시 주님의 때에 결실을 맺으리라고 믿는다.

> 그런즉 그들이 믿지 아니하는 이를 어찌 부르리요 듣지도 못한 이를 어찌 믿으리요 전파하는 자가 없이 어찌 들으리요 보내심을 받지 아니하였으면 어찌 전파하리요 기록된 바 아름답도다 좋은 소식을 전하는 자들의 발이여 함과 같으니라 _롬 10:14-15

| 선한 일을 시작하신 주님 |

니시후쿠오카교회에 있는 기록들을 정리하면서, 2004년 2월에 군산의 모 교회에서 선교 팀 18명이 방문한 사진을 보았다. 사진 속 선교 팀의 얼굴과 분위기에서 주님의 은혜와 더불어 친밀한 교제가 이루어졌음을 느낄 수 있었다. 하지만 그 후 20년 동안 외부 선교 팀과

의 협력이나 교제는 없었다. 교회 안에서 성도들 간의 관계는 친밀하지만, 외부 선교 팀과의 협력을 통해 보고 배우는 기회는 부족했던 것 같다.

물론 일본 선교 협력을 하는 과정에는 많은 과제들이 있다. 교단과 교파의 차이, 교회의 특성에서 오는 위화감, 문화와 언어의 장벽 등이 그것이다. 하지만 우리 교회는 후쿠오카라는 지리적 이점과 비교적 젊은 연령층의 성도가 많다는 강점이 있다. 교단의 지원 없이 자립하는 교회가 되기 위해서는 외부와의 선교 협력이 꼭 필요하다.

2024년부터 지인의 교회에서도 우리 교회에 방문을 시작했다. 1월에는 2명의 부부와 6명의 동역자가 방문했고, 4월에는 6명의 전도팀이 와서 목요 기도회에 참여했다. 그리고 6월에는 한 가족이 방문하여 함께 예배를 드리고 교제를 나누었다. 물론 서로 간에 문화와 언어의 차이가 있었지만, 선교 협력의 가능성을 확인할 수 있었다. 때

엘미소 오케스트라 선교 팀의 연주

마침 주님께서 치바에 있는 모 교회 선교 팀을 보내 주셔서 함께 사역할 기회를 주셨다. 선교 팀과 함께 사역을 하다 보니 자연스레 교회의 시선이 영혼 구원과 복음 전도로 향하게 되었다.

우리 교회 일본인 성도 중에는 "왜 이분들이 자신의 사비를 들여서 오나요?", "한 번도 본 적 없는 먼 곳의 우리 교회를 위해 자발적으로 섬기려는 이유는 무엇인가요?"라고 질문하는 분도 있었다. 주님을 따르는 그리스도인은 모두 하나님의 가족이라는 믿음이 아니면 도저히 설명할 수 없다.

안디옥 교회는 전 세계가 기근으로 어려움을 겪던 상황에서 "제자들이 각각 그 힘대로 유대에 사는 형제들에게 부조를 보내기로 작정하고"(행 11:29) 예루살렘 교회를 도왔다. 교회를 개척한 지 1년도 되지 않은 시점에서 예루살렘 교회를 도운 것을 보면, 안디옥 교회가 얼마나 급성장했는지를 알 수 있다. 하지만 한 번도 본 적 없는 먼 곳의 그리스도인들을 자발적으로 섬기려는 열심은 안디옥 성도들이 처음으로 '그리스도인'이라 불리게 되었다는 사실을 통해서 알 수 있다.

하나님을 믿는 그리스도인은 모두 하나님의 가족이다. 이는 국가, 지역, 민족을 초월한 신앙 공동체라는 의미이다. 같은 교회 형제자매뿐만 아니라 먼 지역이나 해외에서 하나님을 섬기는 교회와 형제자매를 기억하며 기도하고, 각자의 형편에 따라 몫을 정해 돕고자 하는 것이다.

우리 교회도 선교 팀을 받아들일 수 있는 역량이 필요하다는 생각이 들었다. 그 역량이란, 우리 교회가 그에 걸맞은 협력을 해야 한다는 것이다. 여기서 고민이 있다. '아무런 열매가 없으면 어떡하지?', '교회에 새로운 분이 오더라도 한 번으로 끝나지 않을까?', '새로운 분들이 안심하고 교회에 적응할 수 있을까?' 하는 것이다. 하지만 이러한 고민도 주님의 말씀을 통해 한꺼번에 불식되었다. 어떠한 일에든 성급하게 서두르거나 쉽게 포기하지 말고, 선한 일을 시작하신 예수님을 믿고 바라보며 일본 선교를 감당할 수 있길 기도한다.

> 너희 안에서 착한 일을 시작하신 이가 그리스도 예수의 날까지 이루실 줄을 우리는 확신하노라 _빌 1:6

| 주님의 가족 |

매년 여름, 부산의 모 교회에서 약 150명 이상의 청년들이 일본 선교에 참여하고 있다. 10년째 일본 규슈 지역을 중심으로 약 20개의 일본 교회에서 선교 활동을 이어 가고 있는데, 매년 동일한 멤버들이 같은 교회를 방문해 사역을 지속함으로써 일본 교회와 성도들 간의 신뢰와 협력 관계가 점점 더 깊어지고 있다.

부산 수영로교회 일본 단기 선교 팀, 청년 전체 집회

청년들은 어린이 캠프, 거리 전도, 개척 교회 지원, 교회 보수 등을 도우며, 고령화와 인구 감소로 어려움을 겪는 시골 교회에 큰 격려와 힘이 되고 있다. 또한, 교단과 교파를 초월한 선교 협력이 이루어져서, 많은 목회자와 성도들에게 응원과 위로가 되고 있다. 한국 청년들 역시 각 교회 목회자와 성도들의 따뜻한 환대와 섬김 속에서 감동을 경험하며, 한일 관계에 대한 인식의 변화와 일본 선교에 대한 새로운 열정을 품게 된다고 한다. 나는 이러한 모습을 통해 민족, 국가, 언어, 배경, 역사의 장벽을 넘어 예수 그리스도 안에서 하나 되어 연합할 수 있다는 사실을 다시금 확인하게 된다.

현재 내가 속한 일본 홀리니스 교단(Japan Holiness Church)은 교회마다 역사와 전통, 그리고 다양한 목회 방침과 규칙이 있지만, 교단의 모든 교회가 한 몸으로 연결된 그리스도의 교회(Church)임을 강조한다. 따라서 아무리 규모가 큰 교회라 하더라도 몸 된 그리스도의 일부일 뿐이며, 전체로부터 배우고 서로 연합해야 할 필요가 있다. 반대로, 규모가 작은 교회라 할지라도 그 가치는 존중받아야 하며, 전체 교회에 기여할 수 있다는 확신을 가져야 한다. 교회의 크기에 따라 열등감을 느낄 필요가 없다. 반드시 전체에 기여할 수 있는 은사가 주어져 있다. "그에게서 온몸이 각 마디를 통하여 도움을 받음으로 연결되고 결합되어 각 지체의 분량대로 역사하여 그 몸을 자라게 하며 사랑 안에서 스스로 세우느니라"(엡 4:16)라는 말씀처럼, 각 부분이 전체와 연결되어 자신의 역량에 맞게 선교할 때, 우리는 그리스도의 충만함과 성숙함에 이르게 된다.

독일 신학자 디트리히 본회퍼(Dietrich Bonhoeffer)는 뉴욕 유니언 신학교에서 공부하던 시절, 미국 교회들이 서로 분리되어 경쟁하는 모습을 보고 충격을 받았다고 한다. 각 교회가 고유의 역사와 전통, 개성을 가지고 있었지만, 모든 교회가 한 몸 된 그리스도의 지체라는 공교회 정신이 부족했던 것이다. 그는 박사 논문에서 "세상의 모든 교회는 하나님의 공동체이며, 교회들은 하나가 되어야 한다"라고 주장했다.

곰곰이 생각해 보면, 우리가 천국에 가서 어느 교단에 속했는지, 어떤 교회에서 신앙생활을 했는지가 그렇게 중요하겠는가? 오히려 천국에서는 하나님의 가족으로서 함께 사는 것이 가장 중요할 것이다. 일본 선교에 참여하는 사람들은 민족, 국가, 언어, 배경, 역사의 장벽을 뛰어넘어, 그리스도로 인해 하나로 연결된 주님의 가족임을 깨닫게 될 것이다. 이러한 굳건한 믿음 위에서 일본 선교의 은혜와 복을 누리길 소망한다.

> 이는 그로 말미암아 우리 둘이 한 성령 안에서 아버지께 나아감을 얻게 하려 하심이라. 그러므로 이제부터 너희는 외인도 아니요 나그네도 아니요 오직 성도들과 동일한 시민이요 하나님의 권속이라 _엡 2:18-19

| **검게 탄 숯불처럼 보이지만** |

지난 1년 동안 일본 교회에 어떤 변화가 있었는지 궁금하여 얼마 전 모 교회의 선교 팀을 데리고서 일본 교회에 방문했다. 많은 목회자들이 지쳐 있는 인상을 받았다. 코로나 이후 교회의 침체된 분위기를 극복하고, 영혼 구원과 제자화를 위해 다양한 행사와 활동을 해 왔다고 한다. 하지만 눈에 보이는 열매는 없었고, 오히려 기존 교인들이 죽거나 이사를 가면서 교회는 활기를 더 잃어 가고 있었다.

어느 교회는 많은 성도들이 온라인 예배의 편리함 때문에 대면 예배에 참여하지 않고 70~80대 성도들만 예배에 참여하고 있었으며, 또 어떤 교회는 요양 시설에 들어가는 성도들이 늘어나면서 주일 예배 후 요양 시설까지 가서 차 안에서 짧은 예배를 드리고 있었다. 뿐만 아니라, 약 140년의 역사를 가진 어떤 교회는 50년 전부터 창고에 쌓여 있던 짐을 선교 팀과 함께 정리했어야 할 정도로 고령화가 진행되고 있었다.

어느 교회 목회자는 선교 팀이 준비한 행사나 활동에는 지역 주민들이 모이지만, 행사 이후에는 교회에 오지 않아 어떻게 하면 그들이 교회에 정착할 수 있을지를 고민한다고 했고, 또 한 목회자는 올해부터 목사가 없는 무목 교회를 겸임하게 되어, 매주 2시간 이상 운전을 해 오가면서 예배를 드리다 보니 이전보다 더 바쁜 생활을 할 수밖에 없어 건강상의 문제까지 생겼다고 한다. 또 어떤 교회의 일본인 목사는 몇 년 동안 교회 개척을 위해 전도했지만, 눈에 보이는 열매가 없어 낙심하고 있었다.

이런 각 교회의 상황을 보니 마음이 매우 무거웠다. 물론 교회의 머리이신 예수님께서 교회를 지키시고 인도하실 거라는 믿음은 있다. 그러나 현실은 점점 고령화되어 가는 교회, 문을 닫는 교회가 늘어나고 있음은 부인할 수 없다. 이런 일본 교회의 현실과 상황을 알게 되고서 어떤 생각이 드는가? 일본 선교를 한다고 아무리 좋은 행사나 사역을 한다 해도 특정 시기에만 하고 말아 버린다면, 잠깐 반짝이고 금방 꺼져 버리는 불꽃놀이와 같이 될 수밖에 없다.

어느 외국인 선교사가 "일본 교회를 보면, 없어져도 이상하지 않은데, 없어지지는 않는다"라고 말한 것을 들은 적이 있다. 그 말을 듣고서 나는 일본 교회와 성도들이 마치 검게 탄 숯불처럼 보일지라도, 그 속에는 여전히 뜨거운 불길과 열기가 남아 있다고 생각했다. 일본 그리스도인의 영혼 구원과 제자 삼는 일에 대한 의지와 열정이 결코 부족하지 않다. 부족한 것이 한 가지 있다면, 언제나 함께하시는 예수님을 의식하고 그분의 뜻을 따르고자 하는 마음이 아닐까 싶다. 현재 사역하는 일본 교회도 시대와 상황의 거센 파도 앞에 서 있다. 이 파도를 돌파할 힘과 지혜가 필요하다. 그 근원이 오직 예수 그리스도께 있음을 기억하고, 항상 우리와 함께하시는 예수님을 의식하며 그분의 뜻에 순종하는 마음을 갖길 기도한다.

믿음의 주요 또 온전하게 하시는 이인 예수를 바라보자 _히 12:2

| **크리스천이신가요? 우리도 크리스천이에요!** |

일본 선교에 참여하는 사람들은 대개 일본 교회에 도움을 주기 위해서 온다. 하지만 결과적으로 그 시간이 그들 자신에게 복음 전도자의 삶과 하나님의 은혜를 경험하는 귀중한 기회가 되기도 한다. 나는 선교 팀에게 전도 방법과 주의 사항을 간단히 전달한 후, 복음이 잘 정리된 전도지를 가지고 교토 대학에 가서 그들과 함께 전도를 했다. 그러나 일본어를 전혀 못 하거나 간단한 인사말 정도만 할 수 있는 한국 청년들을 데리고서 전도하는 일은 결코 쉬운 일이 아니었다.

일본은 신앙의 자유가 있는 나라이긴 하지만, 복음 전도와 관련해 여러 제약이 존재한다. 특히 대학 캠퍼스에서 전도지를 나눠 줄 때, 학교 경비원이나 경찰이 와서 쫓아내거나 책임자를 추궁하는 경우도 있는데, 이러한 상황은 현지 목회자와 선교사의 입장을 난처하게 만들기도 한다. 하지만 복음을 전하는 것은 부끄러운 일이 아니라, 모든 사람을 구원하는 하나님의 능력이다. 복음의 능력은 우리의 믿음을 더욱 담대하게 한다. "내가 복음을 부끄러워하지 아니하노니 이 복음은 모든 믿는 자에게 구원을 주시는 하나님의 능력이 됨이라 먼저는 유대인에게요 그리고 헬라인에게로다"(롬 1:16). 그러하기에 어렵고 힘든 상황 속에서도 예상치 못한 만남과 은혜를 경험하기도 한다. 교토 대학을 돌아다니며 전도지를 나누고 있는데, 몇몇 일본인 청년이 다가와서 말을 걸었다.

"혹시 크리스천이신가요? 우리도 크리스천이에요!"

함께 모여 성경 공부를 하고 있는 네 명의 일본인 청년이었는데, 그중 한 명은 아직 예수님을 믿지 않는 미신자라고 했다. 이들은 친구에게 복음을 전하기 위해 성경 공부를 진행하던 중, 전도지를 들고 다가온 한국 청년들을 보았다고 했다. 짧은 교제를 나눈 뒤, 한 일본인 청년이 자신의 친구가 예수님을 믿을 수 있도록 기도를 부탁했다. 선교 팀과 함께 기쁜 마음으로 이들을 축복하며 기도했다. 우리가 알지 못하는 크리스천들이 일본 선교에 함께 동역하고 있다는 사실로 큰 힘과 위로를 얻었다.

누군가는 복음의 씨앗을 뿌리고, 누군가는 그 씨앗에 물을 준다. 우리는 모두 하나님의 동역자들이다.

> 그런즉 심는 이나 물 주는 이는 아무것도 아니로되 오직 자라게 하시는 이는 하나님뿐이니라. 심는 이와 물 주는 이는 한 가지이나 각각 자기가 일한 대로 자기의 상을 받으리라. 우리는 하나님의 동역자들이요 너희는 하나님의 밭이요 하나님의 집이니라 _고전 3:7-9

19장
소수의 그리스도인들

| **아름답게 피는 꽃의 지면에도 지렁이가 있다** |

　교회의 성도들과 줌으로 교제를 나누었다. 한 달에 한 번씩 각자의 근황을 나누며 함께 기도하고 있다. 한 명씩 5분 정도 이야기하다 보니 어느덧 두 시간이 훌쩍 지나 버렸다. 각자가 5분 정도 이야기했다는 건 총 115분은 듣고 있었다는 것인데, 일본 성도들의 경청 자세와 인내를 엿볼 수 있다.

　성도들 각자가 사는 지역이 다르다 보니, 코로나 감염에 대한 인식에 다소 차이가 있었다. 주로 도쿄에 거주하는 사람들은 코로나 감염에 대한 경각심을 가지고 있지만, 그 외 지역은 자유롭게 활동하는 분위기라고 했다. 하지만 여전히 집단 감염(cluster)이 발생하고 있고, 매일 500여 명 이상의 확진자가 나오고 있었다. 특히 고령자의 사망률이 높다는 점에서 결코 안심할 수 없는 상황이었다.

대부분의 일본 성도들은 예순 살이 넘었고 거의 집에서 지내다 보니, 저마다 외롭고 답답한 심경을 토로했다. 이렇게라도 서로의 근황을 나눌 수 있어 격려와 위안을 얻을 수 있었다. 사람과 사람 간의 간격과 거리를 두어야 하는 사회적 분위기였지만, "모이기를 폐하는 어떤 사람들의 습관과 같이 하지 말고 오직 권하여 그날이 가까움을 볼수록 더욱 그리하자(히 10:25)"라는 말씀과 견주어 그리스도인의 모임과 교제에 대해 다시금 생각하게 되었다.

그중에 여든여덟 살의 일본인 성도는 자신의 손가락이 굳어지지 않기 위해 매일 피아노 연습을 하고 있었다. 나중에 교회에 함께 모이게 되면, 피아노를 칠 수 있도록 준비하고 있다는 것이다. 또 다른 일본인 성도는 공원 산책 중 만난 사람이 자신의 죽음에 관한 이야기를 했을 때 복음을 전하지 못한 아쉬움을 토로하며, 어떻게 전도를 해야 할지 고민하고 있다고 했다.

이들의 근황을 듣다 보니, 오히려 내 삶과 사명에 대해 반성하게 되었다. 이들은 우리가 잘 모르는 무명의 그리스도인들이지만, 자기 삶의 범위 안에서 한 명의 그리스도인으로서 살아가고 있었다. 비록 신체적, 상황적, 환경적으로 한계와 제한이 있지만, 자신에게 주어진 사명을 굳게 붙잡고 살아가는 모습에 깊은 감동을 받지 않을 수 없었다. 문득 전신 마비 상태에서 입으로 붓을 물고, 시를 썼던 **호시노**

토미히로(星野富弘)가 떠올랐다. 그는 덜덜 떨리는 입으로 붓을 물고 시를 쓰기에, 누군가에게는 그것이 마치 지렁이가 기어가듯 보일지도 모른다. 하지만 그의 시 안에는 깊은 고백이 담겨 있다.

> 아름답게 피는 꽃의 지면에도 지렁이가 있다
> 진흙을 먹고, 진흙을 토해 내고,
> 평생 땅을 갈고 있는 지렁이가 반드시 있다[22]

물론 아름답게 꽃을 피우는 선교 사역도 있다. 하지만 그 지면에는 진흙을 먹고, 진흙을 토해 내고, 평생 땅을 갈고 있는 지렁이가 반드시 있다. 이름도 없이, 빛도 없이 살아가는 그리스도인들이 반드시 있다.

| 주님, 단 한마디뿐이어도 좋습니다 |

장인어른이 살고 있는 나가노 사카키마치에는 **지쿠마가와**(千曲川)라는 큰 강이 흐르고 있다. 이 강은 상류인 나가노현에서 하류인 니가타현까지 이어지며, 그 길이가 무려 367km에 달한다. 이 강은

22　星野富弘, 『花の詩画集 鈴の鳴る道』 (偕成社, 1986), 27.

일본에서 가장 긴 강이다. 나가노현에서는 지쿠마가와로 불리지만, 니가타현에서는 **시나노가와**(信濃川)로 이름이 바뀐다. 같은 하천이지만, 지역에 따라 이름이 달라지는 모습을 보며, 동일한 상황이라도 바라보는 관점에 따라 마음가짐이 달라질 수 있음을 깨달았다.

장인어른 댁에 갈 때마다 늘 생각나는 일본 그리스도인이 있다. 뇌성마비로 인해 눈만 깜빡일 수 있는 (앞에서 언급했던) 시인 **미즈노 겐조**인데, 그의 고향이 바로 사카키마치이기 때문이다. 미즈노는 아홉 살 때까지 산과 들, 강에서 뛰어놀던 건강한 아이였다. 그러나 그해 여름, 전염병에 걸려 심한 고열과 홍역으로 전신이 마비되었다. 눈과 귀 외에는 반응할 수 없게 된 그는 누군가의 도움 없이는 살아갈 수 없는 상황에 처했다. 그런 삶 속에서 희망을 품고 살아간다는 것은 매우 어려운 일이었을 것이다.

하지만 미즈노가 열두 살이 되던 해, 사카키영광교회(坂城栄光教会)의 미야오 다카쿠니(宮尾隆邦) 목사가 그의 집을 방문했다. 미야오 목사는 미즈노에게 성경을 건넸지만, 그는 척추 마비로 앉아 있을 수도 없었고 손가락도 움직일 수 없어 책장조차 넘기지 못했다. 하지만 그의 어머니는 엎드려서라도 성경을 읽을 수 있도록 작은 나무받침대를 만들어 주었다. 그리고 눈 깜박임을 대화법으로 사용해 미즈노가 성경 한 장을 다 읽으면 눈을 깜박였고, 어머니는 책장을 한 장씩 손으로 넘겨 주었다.

어느새 주님의 말씀은 미즈노의 영혼에 스며들어 촉촉하게 적셨다. 결국 그는 예수를 주로 고백하고서 그리스도인이 되었다. 미즈노의 얼굴은 그의 감정을 표현하는 유일한 방법이었다. 그러나 그는 누구에게나 환한 미소를 지어 보였다. 주님을 만난 이후, 자기 삶과 상황에 대한 관점이 완전히 바뀐 것이다.

열여덟 살부터, 그는 주님의 구원과 은혜에 대한 감사로 시를 짓기 시작했다. 성경을 읽을 때처럼 눈 깜박임을 활용해 시를 썼다. 그의 어머니가 일본어 50음도를 벽에 붙여 놓고 하나씩 손가락으로 가리킬 때, 미즈노는 눈을 깜빡이며 글자를 하나씩 선택해 문장을 만들었다. 한 문장을 완성하는 데 몇 날 며칠이 걸리기도 했다. 그렇게 미즈노는 사카키라는 조용한 마을에서 묵묵히 주님께서 주신 사명을 감당했다.

그의 사명의 흔적들은 시대와 공간을 초월해 지금도 많은 이들의 심금을 울리고 있다. 나 역시 일본 선교를 하다 보면 답답하고 초조한 마음에 사로잡혀 영적으로 침체될 때가 있다. 그럴 때 나에게 필요한 것은 오직 주님의 말씀뿐이다. 단 한마디뿐이어도 좋다. 아무리 어렵고 힘들더라도 주님의 분명한 말씀 한마디만 들을 수 있다면, 충분히 인내하고 이겨 낼 수 있을 것이다. 미즈노의 고백이 나의 고백이 되길 기도한다.

말씀

하나님 오늘도 말씀해 주세요
단 한마디뿐이어도 좋습니다
내 마음은 작아서 많이 주셔도
넘쳐 버려 아까우니까요[23]

| **십자가의 흔적** |

오래전에 읽었던 책이 하나 있는데, 제목이 『그 청년 바보 의사』이다. 의사이자 군의관으로 많은 사람을 헌신적으로 섬겼던 **안수현**의 유작이다. 갑작스러운 유행성 출혈열로 서른세 살의 나이에 세상을 떠난 그는 의대생 시절부터 '스티그마'라는 ID로 글을 썼다고 한다.

그의 삶의 흔적은 거창한 것이 아니었다. 그는 동료 의사나 환자들에게 자신의 월급을 쪼개서 신앙 도서와 찬양 테이프를 사서 선물로 주거나 편지를 주곤 했다. 그리고 함께 울고 웃으며 손을 잡고 기도했다. 그는 상대의 고통과 고난을 함께 아파하며, 때로는 자신의 문제와 아픔, 두려움까지 서로 나누었다. 그래서인지 그의 책에는,

---

23　フォレストブックス編,『こんな美しい朝に: 瞬きの詩人水野源三の世界』(いのちのことば社, 1990), 35.

"우리의 모든 환난 중에서 우리를 위로하사 우리로 하여금 하나님께 받는 위로로써 모든 환난 중에 있는 자들을 능히 위로하게 하시는 이시로다"(고후 1:4)의 말씀과 같이 위로하시는 하나님에 대한 은혜로 가득했다.

후쿠오카현에 있는 키리스탄 묘지. 일본의 종교적 박해와 신앙의 저항을 보여 주는 중요한 역사적 유산이자 흔적

안수현과 같이 하나님의 위로를 전한 일본인이 있다. 그 이름은 **미우라 아야코**(三浦綾子). 일본에서 크리스천 작가로 널리 알려진 그녀의 삶도 알고 보면 파란만장했다. 폐결핵, 직장암, 척추카리에스, 헤르페스, 심장발작…. 말년에는 파킨슨병까지 걸린 그녀는 일흔일곱의 나이로 세상을 떠났다. 하지만 그녀가 떠난 뒤 남긴 흔적은 하나님의 따뜻한 위로와 사랑이었다.

아야코는 열일곱 살에 초등학교 교사가 되었고, 일왕에 대한 맹목적 신념과 열정으로 학생들을 가르쳤다. 그러나 일본의 패전 후, 군국주의 교육이 잘못되었음을 깨닫고 직장을 그만두었다. 하지만 얼마 후 폐결핵에 걸려 13년 동안 투병 생활을 하게 된다. 어느 날, 자신의 소꿉친구에게 복음을 전해 듣고서 서른 살에 세례를 받았고, 서른일곱 살에 크리스천인 미우라 미쓰요(三浦光世)와 결혼한다. 이후 남편과 함께 잡화상을 열었는데, 친절하고 성실한 운영으로 매출이 크게 늘었다.

하지만 미우라 부부는 이런 생각이 들었다. '우리만 너무 잘 되면 주변의 다른 잡화상들은 그만큼 어려워지지 않을까?' 그래서 물건의 종류를 줄이고, 일부 고객들에게 주변의 다른 잡화상에 가 보라고 정중히 제안했다. 그렇게 가게 운영 시간을 단축하고서 남는 시간을 이용하여 썼던 소설이 바로 **『빙점**(氷点)**』**이다. 이 소설은 인간의 원죄와 극복을 다룬 작품으로, 많은 사람들에게 십자가의 사랑과 용서의 메시지를 전하고 있다.[24]

안수현과 미우라 아야코, 두 사람에게는 공통점이 있다. 그것은 십자가의 흔적이 있는 사람이라는 것이다. 어디 이 두 사람뿐이겠는가. 얼굴도 이름도 알지 못하는 수많은 그리스도인이 십자가의 흔적을 지니고 있을 것이다. 십자가의 흔적을 지닌 사람에게는 향기가 있다. 그 향기는 많은 이들의 가슴에 따뜻하게 스며든다.

---

24 소설 『빙점』을 해설한 책으로 모리시타 다쓰에의 『빙점 해동』(세움북스, 2022)이라는 책도 있다.

내가 내 몸에 예수의 흔적을 지니고 있노라 형제들아 우리 주 예수 그리스도의 은혜가 너희 심령에 있을지어다 _갈 6:17-18

| 주님의 향기인 그리스도 씨! |

일본 속담 중에 "괴로울 때 하나님 찾기(苦しい時の神頼み)"라는 말이 있다. 평소에 신앙심이 없는 사람도 힘들 때나 괴로울 때는 하나님께 도움을 청한다는 뜻이다. 자신이 어찌할 수 없는 재난과 고통을 겪을 때 자주 표현되곤 한다.

얼마 전 도쿄에서 홈리스 생활을 하는 서른두 살 어느 일본인 청년의 다큐멘터리를 보았다. 그가 현재 가진 돈은 6엔에 불과했고, 그는 매일 무료 급식소를 전전하며 생활하고 있었다. 코로나로 인해 직장을 잃고 월세조차 내지 못해 노숙 생활을 시작한 것이다. 그는 거주지와 주소가 없어 고용 면접조차 볼 수 없는 상황이었다. 그는 "저는 정말로 죽으려고 했는데요. 그래도 하나님의 도움이 있을 거라는 생각이 들었어요"라고 말했다.

이들을 지원하는 단체는 많다. 하지만 그중 일부가 자신들의 봉사활동을 과시하거나 홍보에 열을 올리곤 하는데, 이런 모습은 힘들고 괴로워하는 사람들에게 부정적 이미지를 줄 수 있으므로 자제함이 필요하다. 그리스도인의 구제는 "즐거워하는 자들과 함께 즐거워하고 우는 자들과 함께 울라"(롬 12:15)라는 모습이 아니겠는가.

2016년 4월 14일, 구마모토 지역을 중심으로 진도 7의 강진이 발생했다. 이로 인해 수많은 인명 피해가 발생하고 가옥이 파괴되었다. 당시 많은 자원봉사 단체가 피해 지역의 복구를 위해 힘썼고, 그 가운데 규슈 지역의 교회들을 중심으로 '규슈 그리스도 재난지원센터(九州キリスト災難支援センター)'가 설립되어 피해 지역의 주민들을 돕고 섬겼다. 현재도 후쿠오카의 아브라야마샬롬교회(油山シャローム教会)를 중심으로 봉사자들과 구호 물품을 보내고 있다.

그리고 그해 여름, 몇몇 한국 그리스도인들이 피해 현장을 찾아가 주민들의 집을 정리해 주고, 쓰러진 담장을 세워 주고, 이발도 해 주었다고 한다. 그때 한 일본인 노인이 "여러분들은 어디에서 왔나요?"라며 관심을 보이면서, "이전에 한국에서 온 그리스도 씨도 잘 도와줬는데, 이번 그리스도 씨도 잘 대해 주시는군요. 정말 고맙습니다!"라고 말했다고 한다. 구마모토 지역 주민들은 이들에게 '그리스도 씨'라는 별칭을 붙여서 부르고 있다. 굳이 예수님을 믿는 그리스도인이라고 말하지 않아도 지역 주민들은 알고 있다. 이들의 삶에서 그리스도인의 향기가 나기 때문이다.

지금도 일본 땅에 그리스도의 향기가 되어 복음을 전하고 있는 소수의 그리스도인들이 있다. 일본인들과 함께 기뻐하고 우는 삶을 살고 있는 그리스도인들 말이다. 주님은 이러한 소수의 그리스도인들에게 주목하신다. 그리고 반드시 그들을 복의 통로로 사용하실 것이다.

> 우리는 구원 받는 자들에게나 망하는 자들에게나 하나님 앞에서 그리스도의 향기니 이 사람에게는 사망으로부터 사망에 이르는 냄새요 저 사람에게는 생명으로부터 생명에 이르는 냄새라 누가 이 일을 감당하리요 _ 고후 2:15-16

| 어두운 일본 선교에서 보는 빛 |

일본 선교를 하다 보면 한일 간의 뉴스와 관계에 관심이 많아진다. 복잡한 한일 간의 문제를 볼 때마다 일본은 우리와 가장 가깝고도 먼 나라라는 생각이 들지만, 믿음의 시각으로 보면 두 나라는 동역자의 관계이다. 우리가 좋아하는 찬송가 중에 「지금까지 지내온 것」이 있는데, 이 곡은 일본인 목사인 **사사오 테쓰사부로**(笹尾鉄三郎)가 작사한 곡이다.

1888년, 젊은 청년 사사오는 무역업자로 성공하려는 야망을 품고서 미국으로 건너갔다. 그런데 그가 머문 하숙집은 미국인 목사가 운영하던 곳이었다. 사사오는 미국인 목사가 전한 복음을 듣고서 예수님을 믿게 되자 무역 일이 손에 잡히지 않았다. 이후 그는 자신처럼 돈을 벌려고 미국에 건너온 일본인들에게 복음을 전하기로 결심했고, 일본인 교회의 전도사가 되어 사역을 시작했다. 1894년, 사사오는 일본으로 돌아와 영국 선교사 바클레이 벅스턴(Barclay Buxton)과 함께 일본 선교를 시작했는데, 당시 벅스턴 선교사는 『구원의 노래』라는 찬송집 출판을 준비 중이었다. 사사오는 이를 도우며 찬송가 작사에 참여했는데, 그중 하나가 바로 「지금까지 지내온 것」.

이 찬송가는 최초 한국 성결교단 찬송가에 채택되었는데, 처음에는 작사자가 누구인지 명확히 알려지지 않았다고 한다. 단지 일제의 기독교 박해로 인해 어느 경건한 목회자가 울며 기도하며 쓴 고백문인 줄 알았다는 것이다. 하지만 찬송가 편집 과정을 거치면서 작사자가 사사오라는 것이 밝혀졌다. 그는 나가타 주지(中田重治)와 함께 일본 홀리니스 교회의 핵심적인 지도자로 활동했는데, 그의 설교문을 읽어 보면 바나바와 같은 인격과 진심이 고스란히 전해진다. 『홀리니스 신앙의 형성(ホーリネス信仰の形成)』이라는 책에 그의 마지막 순간에 관한 기록이 남아 있다.

<blockquote style="color:red">
이전부터 사사오 목사의 소식을 듣고 있던 여러 교파의 교회로부터 초청이 많았다. 그는 원래 체질이 약한 몸이었지만, 앉아 쉴 틈도 없이 죽을 각오로 전국 각 교회를 위해 헌신했다. … 종종 강의나 설교 중에 아
</blockquote>

담 클라크의 묘비에 적혀 있는 말을 인용하여 "나도 촛불처럼 나 자신을 태워서 없어지고 싶다"라고 말하곤 했다. 그는 실제로 그렇게 일생을 보냈다. 연일 아침 성경 강연을 하고, 오후에는 심방, 밤에는 성회와 집회 등의 사역을 몇 달 동안 이어 갔다. … 이후 규슈의 두세 곳을 거쳐 가고시마까지 가야 한다고 했다. … 그러나 그는 결국, 가고시마에서 의자에 앉아 20-30분 정도 강연하고서 쓰러지고 말았다. 도쿄로 돌아왔지만, 쇠약해진 몸은 회복되지 못했고, 한 달 후 "부흥… 부흥…"이라는 희미한 말을 남기고서 숨을 거두었다. 당시 그의 나이 겨우 47세였다. 1914년 12월 30일.[25]

이렇게 일본 선교를 위해 오직 주님의 말씀에 순종하며 복음을 전하는 분들이 있다. 이러한 믿음의 유산과 헌신의 흔적은 일본 선교에 대한 희망을 품게 한다. 비록 소수의 그리스도인에 불과하지만, 사사오의 헌신적인 삶을 보며 어두운 일본 선교의 현실 속에서 한 줄기의 빛을 본다.

빛이 어둠에 비치되 어둠이 깨닫지 못하더라 _요 1:5

---

[25] 日本ホーリネス教団歷史編纂委員会, 『ホーリネス信仰の形成 日本ホーリネス教団史第一巻』(日本ホーリネス教団, 2010), 296-297.

예수님과 동행하는 일본 선교

| **변함없는 일관성과 신뢰 관계를 쌓는 것이 필요** |

일본에는 오래된 가게나 기업이 정말 많은데, 일반적으로 100년 이상 된 곳을 '시니세(老舗)'라고 부른다. 2019년 "테이코쿠 데이터뱅크(帝国デイタ―バンク)"의 조사에 따르면, 일본에는 창업한 지 100년이 넘은 기업이 33,076개, 200년이 넘은 기업이 1,340개나 있다고 한다. 그리고 창업한 지 500년이 넘은 가게는 147개, 1,000년이 넘은 가게는 21개나 된다고 한다. 특히 건설 회사인 **곤고구미**(金剛組)는 578년에 창립되어 세계에서 가장 오래된 기업으로 알려져 있다.

우리 교회 근처에는 1,673년에 설립하여 계란으로 소면과 과자를 만드는 가게가 있다. 나는 이곳에서 선물을 구입해 교회로 방문하는 손님에게 드리곤 한다. 모두가 변화와 변신을 외치는 상황 속에서도

시니세는 변함없는 일관성의 소중함을 보여 준다. 일본 선교에서도 이러한 일관성이 얼마나 중요한지 깨닫게 된다.

한국과 일본은 가장 가까운 나라이지만, 생활 습관과 사고방식, 가치관에 많은 차이가 있다. 어느 한국인이 일본인을 집으로 초대해 다양한 음식을 풍성히 준비하여 극진히 대접했다고 한다. 일본인이 집으로 돌아갈 때는 남은 반찬을 싸 주기까지 했다는 것이다. 반대로 일본인이 그 한국인을 집으로 초대했을 때는 어땠을까? 일본인은 간단한 음료와 과자를 내놓았다. 그러자 초대받은 한국인은 "전에 내가 당신을 초대했을 때는 여러 음식을 푸짐하게 준비했는데…"라며 화를 냈다고 한다.

일본인의 집은 대체로 작고 방이 좁아서 집으로 초대하는 것을 꺼리는 경우가 많다. 하지만 누군가를 집으로 초대하는 것은 이전에 받은 호의에 대한 답례 정도의 의미를 가진다. 일본에서는 처음부터 상대방에게 부담을 주지 않기 위해 간단한 음료와 과자를 내놓고, 손님이 돌아갈 때는 작은 과자 선물을 주는 것이 관례이다.

이러한 양국의 차이를 모르면 전도할 때 상대방에게 불쾌감을 줄 수 있다. 괜한 오해를 사기도 한다. 한국 그리스도인이 때때로 일본어로 "예수 믿으세요!"라고 말하는 경우가 있는데, 이러한 표현은 일본인들에게 예수를 믿으라고 명령하는 것처럼 들릴 수 있다. 그래서 전도지를 건네면서는 "한 번 읽어 주세요!"라고 말하는 것이 적절한 표현이다.

    일본인에게 복음을 전한 후 "예수를 믿겠습니까?"라고 물으면, "믿겠습니다!"라고 대답하는 경우가 많다. 이는 거절을 잘하지 못하는 일본인의 특성과 관련된 것으로서, 그들이 실제로 믿는 경우는 거의 없다. 대부분의 일본인은 기독교에 큰 관심이 없으며, 외국에서 온 선교사들도 일본에서 환영받지 못하는 경우가 많다. 일본인은 선교사가 전하는 복음보다 그 사람이 어떤 사람인지를 먼저 본다.

    다시 말해 무엇을 전하느냐보다 누가 전하느냐가 더 중요하기 때문에, 서로 간에 신뢰 관계를 쌓는 것이 우선적으로 필요하다. 따라서 일본 선교는 변함없는 일관성으로 신뢰 관계를 쌓는 것이 필요하다. 예수 그리스도는 어제나 오늘이나 변함없이 동일하신 분이시기에, 우리가 예수님과 늘 동행한다면 우리는 그분에게서 자연스럽게 일관성과 신뢰 관계를 배울 수 있을 것이다.

> 예수 그리스도는 어제나 오늘이나 영원토록 동일하시니라 _히 13:8

| 일부러 불편하게 사는 삶의 은혜 |

2024년 여름, "예수님의 생명수"라는 주제로 규슈 지역의 교회가 함께 모인 여름 캠프가 있었다. 캠프의 목적은 성경적 신앙을 배우고, 다양한 만남을 소중히 여기는 것이었다. 특히 42명의 참가자 중 어린이가 15명, 청소년이 7명에 이르렀기에, 영혼 구원과 다음 세대에 대한 소망을 품게 되었다. 환경과 장소가 바뀌는 가운데, 나는 비록 두 아이를 돌보는 어려움이 있었지만, 아이들이 많은 사람과의 교제를 몸소 배웠으면 해서 자유롭게 지내게 했다. 신앙 공동체 안에 있다는 사실로 안도감을 느꼈기 때문이다.

식사 시간에 한 초등학생과 이야기를 나누었다. 그 아이의 장래 희망은 목사가 되는 것이라고 했다. 이유를 묻자, 그리스도인인 부모님이 매일 밤 잠들기 전에 기도를 해 주셨는데, 그 덕분에 마음이 따뜻해졌고 예수님이 정말 좋은 분이라는 생각을 했기 때문이라고 했다. 그래서 좋은 예수님을 전하는 목사가 되고 싶다는 것이다.

어느 일본인 성도의 간증도 들을 수 있었다. 그분의 친척이 중병에 걸렸을 때, 그의 어머니께 "우리가 죽으면 어디로 갈까요?"라는 질문을 했는데, 어머니는 그 질문에 대답을 할 수가 없어서 교회 목사와 상담을 했고, 이후 천국 소망에 관해 이야기해 주었다고 한다. 그래서 결국 그분의 친척은 세상을 떠나기 직전 "천국에서 만나자!"라는 말을 남기고 눈을 감았고, 그 사건을 계기로 가족 모두가 예수님을 믿게 되었다는 것이다. 이 이야기를 들으며 나는 '천국에는 내가 아직 알지 못하는 사람들이 많이 있겠구나' 하는 생각이 들었다.

그런데 캠프장에는 에어컨이 없었다. 샤워를 하는 것도 불편했다. 시설 구조도 복잡했고, 잘 관리되지 않는 곳이 많았다. 잠을 잘 때도 아이들이 떠들거나 울까 봐 신경이 쓰여 잠을 푹 잘 수가 없었다. 순간적으로 더 편안한 곳에서 지내고 싶다는 마음이 들었지만, 일본의 **와비사비**(侘寂)[26]의 모습으로 바라보았다. 어딘가 부족하지만 차분한 분위기가 있었고, 투박하고 불완전하지만 조용하고 순수함이 있었다. 여러 가지로 불완전하고 불편했지만, 그러한 생활 속에서 배우는 것이 많았다.

아브라함은 갈대아 우르를 떠나 가나안 땅과 이집트를 오가며 천막 생활을 했다. 이스라엘 백성도 이집트를 탈출한 후 40년 동안 광야에서 지냈다. 양치기를 하며 오랜 시간 야영 생활을 했던 다윗, 광야에서 꿀과 메뚜기를 먹으며 살았던 세례 요한, 교회에서 사례비를 받지 않고 장막을 치며 생계를 유지했던 바울도 모두 불편한 삶을 통해 주님과 친밀한 관계를 맺었던 인물들이다. 삶이 편하고 즐거울 때 주님을 따르는 것은 비교적 쉬울 수 있다. 하지만 진정한 믿음은

---

26 불완전한 것, 단순한 것에서 고유의 아름다움을 발견하려는 일본의 미학이자 철학.

시련과 고난 속에서 드러나는 법이다.

실제로 숲속 캠핑에서 맞는 아침, 맑은 공기와 새들의 지저귐, 산바람의 시원함 등은 도시에서는 절대 느낄 수 없는 감동을 주었다.

신기하게도, 불편함 속에서 느낀 것들이 오히려 오래도록 기억에 남는다. 우리는 충분히 편안하고 여유로운 삶을 살 수 있다. 하지만 일부러 불편하고 힘든 삶을 선택할 수도 있다. 그렇게 일주일, 한 달, 혹은 1년을 살다 보면, 불편한 삶조차 자연스럽게 느껴지지 않을까.

> 좁은 문으로 들어가라 멸망으로 인도하는 문은 크고 그 길이 넓어 그리로 들어가는 자가 많고 생명으로 인도하는 문은 좁고 길이 협착하여 찾는 자가 적음이라 _마 7:13-14

| 늘 주님을 경외하는 마음으로 |

모든 사물에는 빛에 따라 명암이 있고, 각각의 특징이 있다. 마치 동전의 앞뒷면처럼, 혹은 바느질의 안감과 겉감처럼 모든 것에는 양면성이 존재한다. 이러한 시각에서 예수님과 동행하는 일본 선교를 생각해 보면, 내적으로는 예수님이 늘 함께 계신다는 믿음이 필요하고, 외적으로는 예수님과 동행하는 은혜를 기록으로 남기는 것이 필요하다고 생각한다.

하나님의 '사랑'은 아무리 강조해도 지나치지 않다. 하지만 사랑만을 강조한다면, 죄를 짓는 일이 얼마나 심각한지 깨닫지 못하거나 참된 회개의 중요성을 간과할 우려가 있고, 하나님께서 베푸시는 용서를 가볍게 여길 수도 있다. 또한 하나님의 '공의'는 그분의 절대적인 주권 아래 모든 죄악을 심판하신다는 것을 보여 준다. 그러나 하나님의 공의만을 지나치게 강조하면, 하나님을 언제나 무섭고 부담스러운 분으로 생각할 수 있다. 우리는 하나님의 속성(성품)에 사랑과 공의가 함께 있음을 기억해야 한다.

오늘은 **가네코 하루오**(金子晴雄)가 주최한 "성 어거스틴 삼위일체 연구회"에 참석했다. 가네코 하루오는 일본에서 기독교 사상과 철학 분야를 대표하는 신학자인데, 올해 아흔한 살의 나이에도 겸손함과 성실함이 느껴졌다. 그는 70여 년간 매일 20~30분씩 그리스어와 히브리어 원문을 일본어로 번역해 왔다고 한다. 나는 그에게 겸손과 성실함의 비결이 무엇인지 질문했고, 그는 이렇게 말했다.

> "아무리 뛰어난 신학자라고 하더라도 주님을 경외하지 않으면, 그의 신학과 신앙은 모두 거짓입니다. 늘 주님을 경외하는 마음이 있다면 그분의 겸손함과 성실함을 배우게 될 것입니다."

그 말에 나는 정신이 번쩍 들었다. 나는 누군가에게 조금만 칭찬을 받아도 금세 우쭐해지고, 일이 잘 풀리지 않으면 금방 시무룩해지곤 했다. 여전히 내 말과 행동을 보면, 주님을 의식하지 못하는 때가 많았다. 이러한 내 모습을 볼 때마다, 내가 얼마나 고집이 세고 자기 뜻대로 살려는 경향이 강한지를 깨닫는다.

한때 뜨겁게 주님을 사랑하며 헌신적으로 사역했던 선교사가 안타까운 모습으로 사역을 마치는 경우를 종종 본다. 그렇게 훌륭했던 선교사가 왜 무너지는 것일까? 주님을 경외하는 마음을 잃었기 때문이 아닐까? 우리는 그리스도 십자가의 은혜와 사랑으로 모든 죄와 허물을 용서받고 자유로움을 얻었다. 하지만 여전히 자기 뜻대로, 혹은 자기 고집대로 살고 있다면, 이는 주님께서 함께 계심을 실제로 믿지 않거나 무시하는 것이다.

예수님이 나와 함께 계시는데도, 자기 말과 행동을 함부로 하거나 자기 고집대로 살아간다면, 주님을 경외하는 마음은 점차 사라질 것이다. 물론 주님을 경외한다는 것은 단순히 두려워한다는 것이 아니다. 주님은 사랑이시지만 동시에 공의로운 분이심을 인정하며, 그분의 통치하심에 온전히 순종하는 것을 의미한다. 그래서 주님을 경외한다는 것은 예수님과 동행하며 순종한다는 뜻이다. 늘 주님을 경외하는 마음으로 일본 선교를 감당하길 기도한다.

높은 사람이나 낮은 사람을 막론하고 여호와를 경외하는 자들에게 복을 주시리로다 _시 115:13

| 내 마음속의 잡초 |

1년 동안 교회 주변 잡초를 뽑고 교회 앞마당을 정비했다. 잡초 주변에 많은 벌레와 해충이 서식하고 있었고, 비가 오면 교회 앞마당 울퉁불퉁한 곳에 물웅덩이가 생겨 해충과 곤충 등이 발생했기 때문이다. 먼저 쇠스랑으로 땅을 고르게 펴면서 울퉁불퉁한 곳을 메웠다. 그리고 큰 돌은 따로 떼어내어 모퉁이에 모아 두었다. 그 후 약 2톤의 새 자갈을 깔았는데, 기존 자갈과 모래가 섞여 전체적으로 균형이 잘 잡히도록 신경을 썼다.

하지만 교회 앞마당과 주변에 계속해서 잡초가 자라서 이른 아침 딸과 함께 잡초를 뽑았다. 따가운 햇볕이 내리쬐기 전에 작업을 끝내고 싶었기 때문이다. 딸은 개미와 콩벌레를 관찰하며 놀다가 나름대로 아빠를 도와주기도 했다. 하지만 무성하게 자란 잡초는 웬만한 힘으로는 쉽게 뽑히지 않았다. 잡초 뿌리는 땅속 깊은 곳까지 내려가 양분과 수분을 흡수하고 있었다. 그리고 잡초가 자란 땅은 퍽퍽하고 메말라 있었다.

"네 마음의 상태는 어떠하니?"

"주님, 제 마음도 퍽퍽하고 메말라 있습니다."

최근 바쁜 사역 일정 탓에 내 생각과 마음을 점검할 기회를 놓치고 있었다. 예수님과 친밀히 동행하고 싶다는 간절한 마음은 여전했지만, 매일 이를 실천하지 못하고 있었던 것이다. 선교 사역에 열심히 매달렸지만, 점점 감사와 감동이 사라지고 마음이 메말라 가는 이유는 분명했다. 내 안에 무성히 자라는 잡초를 방치했기 때문이다.

문득 윌리엄 홀먼 헌트(William Holman Hunt)의 그림 「세상의 빛」이 떠올랐다. 그림 속 예수님은 등불을 들고 굳게 닫힌 문을 두드리고 계신다. 그 문은 잡초와 덩굴로 뒤엉켜 오랫동안 열리지 않은 상태이고, 문에 손잡이도 없어 안에서 열어야만 열리는 문이다. 이 그림은 예수님과 친밀한 관계를 거부하는 완고한 내 마음의 상태를 보여 주는 듯하다.

매일 충실히 하루를 보냈다는 만족감으로 잠자리에

교회 앞마당 잡초를 제거하고 있다.

누웠지만, '과연 오늘 하루도 예수님과 동행했는가?'라는 질문 앞에서는 마음이 무거워졌다. 마음이 무겁다는 것은 내 마음속에 잡초가 자라나고 있다는 것을 의미한다. 그래서 예수님과 동행하는 일본 선교는 마치 잡초가 무성히 자란 밭을 매일 가꾸는 일과 같다. 매일 내 마음속의 잡초를 뽑지 않고 방치한다면, 결코 좋은 열매를 맺을 수 없을 것이다. 예수님과 동행하는 일본 선교는 매일 주님의 뜻대로 살아가는지 점검하고 회개하는 것임을 다시금 깊이 깨닫게 되었다.

> 볼지어다 내가 문밖에 서서 두드리노니 누구든지 내 음성을 듣고 문을 열면 내가 그에게로 들어가 그와 더불어 먹고 그는 나와 더불어 먹으리라 _계 3:20

| 첫 크리스마스 콘서트 |

바다를 접한 후쿠오카에는 겨울에 눈이 자주 내린다는 이야기를 들었다. 그래서 첫눈을 내심 기대하고 있었다. 바람대로 2023년 12월, 후쿠오카에서 첫눈을 맞이했다. 어렸을 적 첫눈은 늘 내 마음을 설레게 해 주는 특별한 존재였다. 눈이 내리면 친구들과 함께 눈사람을 만들고, 눈싸움을 하며 즐거운 시간을 보냈기 때문이었다. 어른이 된 지금도, 겨울의 눈은 여전히 낭만적인 존재이다. 특히 길가와 골목, 잔디 위에 얇게 쌓이는 눈을 보면, 나카야마 미호(中山美穂)가 주연한 영화 「러브레터」의 명대사인 "오겡끼데스까?"가 떠오른다. 당시 일본어를 몰랐던 내 머릿속에 처음으로 각인된 말이었다.

최근에는 에니메이션 「더 퍼스트 슬램덩크」를 보며, 한때 농구에 대한 순수한 열정과 집념으로 불타오르던 10대 시절이 떠올랐다. 온종일 농구를 해도 지치지 않는 체력이 있었고, 비가 와도 진흙탕이 된 농구장에서 슛 연습을 하던 기억이 새록새록 떠올랐다. 그리고 나도 강백호처럼 "왼손은 거들 뿐"이라고 말하며, 멋지게 결승 골을 넣었던 모습이 머릿속에 그려졌다.

누구나 처음 맞이하는 생일, 첫 입학, 첫 졸업, 첫 여행, 첫 입사, 첫사랑 등, 한 번도 경험하지 못했던 것을 처음 경험하는 일은 우리를 매우 흥미롭고 설레게 한다. 동시에 많은 긴장과 불안, 걱정으로 밤잠을 설치게 만드는 것도 바로 이 '처음'이다. 하지만 나이가 들면서, 순수했던 마음과 열정을 불태웠던 그 순간을 그리워하게 된다. 누구나 초심을 되찾고 싶을 때, 처음의 설렘과 열정을 떠올리며 다시 힘을 내기도 한다.

2024년 12월, 니시후쿠오카교회에서는 27년 만에 첫 크리스마스 콘서트가 열렸다. 예배당 좌석과 물건 배치, 주차장 등 모든 것을 새롭게 준비했다. 예상보다 신경 써야 할 부분이 많아서 꽤 분주했지만, 새로운 사람들이 찾아올 수 있다는 기대감에 가슴이 설렜다. 이 콘서트를 통해 누군가 처음으로 복음을 접하는 계기가 되기를 간절히 바랐다. 그래서 한 달 전부터 지역 마을에 교회 안내문과 크리스마스 콘서트 전단지를 돌렸는데, 우리 아이들도 전단지를 돌리는 일에 신이 나 있었다. 그래서 나는 큰딸에게 "사람들이 이 전단지를 보고서 교회에 나와 예수님을 믿을 수 있도록 기도하자"라고 말해 주었다.

하지만 결과적으로 새로운 사람은 한 명도 오지 않았다. 어느 정도 예상은 하고 있었지만, 콘서트가 시작되기 전 빈자리가 많이 보이는 상황에 마음이 무거웠다. 몇 번이나 밖으로 나가 속상한 마음을 달래야 했다. 물론 참석 인원수가 중요한 것은 아니지만, 첫 크리스마스 콘서트를 위해 수고해 준 가수와 반주자에게 미안한 마음이 들었다. 잠시 눈을 감고 함께 계신 예수님을 바라보았다. 우리 교회에서 첫 크리스마스 콘서트를 열 수 있었던 것만으로도 감사했다.

첫 크리스마스 콘서트를 통해서 예수님은 나에게 "일본 선교를 길게 내다보고, 쉽게 포기하지 말아라"라고 말씀하시는 것 같다. 그루터기와 같이 단지 뿌리내리는 것만으로도 충분하다고 말이다.

> 그중에 십 분의 일이 아직 남아 있을지라도 이것도 황폐하게 될 것이나 밤나무와 상수리나무가 베임을 당하여도 그 그루터기는 남아 있는 것 같이 거룩한 씨가 이 땅의 그루터기니라 하시더라 _사 6:13

에필로그

　2019년 한일 역사의 문제와 갈등으로 인해 반일 감정의 골은 깊어져 갔다. 일본이 한국을 백색국가에서 제외하자, 한국에서는 일본을 지소미아 파기와 더불어 일본 제품 불매 운동 등과 같이 감정의 불씨가 번져 사회, 문화, 생활의 영역까지 확산되고 말았다. 그러한 시대적 상황 속에서 나는 『일본 선교의 징검다리』라는 책을 출간했다(부제: 일본에 대한 분노와 원망을 사랑과 용서로 선교할 순 없나요?). 우리가 일본을 감정이 아닌 오롯이 주님의 마음으로 바라봐야 한다고 생각했기 때문이다. 사실 나에게는 쉽지 않은 결단이었다. 하지만 안도 하지메(安藤肇)가 『깊은 심연에서(深き淵より)』[27]라는 책을 통해 당시 일본 교회와 그리스도인들에게 전쟁과 신사 참배에 대한 회개와 사죄의 필요성을 용기 있게 주장하는 것에서 큰 힘을 얻었다.

---

[27] 安藤肇, 『深き淵より 復刻版: キリスト教の戦争経験』(キリスト新聞社, 2015).

얼마 전 「무명(無名)」이라는 기독교 다큐멘터리 영화가 개봉되었다. 일본 최초의 개신교 선교사였던 **노리마츠 마사야스**(乘松雅休)의 이야기가 한국에서도 조명되고 있다는 것에 기뻤다. 이것을 계기로 해서 일본에 대한 생각이 바뀌고, 한국과 일본의 교회와 성도들이 함께 활발히 협력할 수 있기를 바란다. 물론 한일 간에는 언어, 문화, 생활방식에서의 많은 차이가 있기 때문에, 선교 협력은 결코 쉬운 일은 아니다. 한국 교회의 교세와 역량으로 일본 교회를 주도하거나 이끌려는 태도는 오히려 갈등과 문제를 양산하기도 한다.

한일 교회의 선교 협력이 원만하게 이루어지기 위해서는 상대를 '돕는 대상'이 아닌 함께 협력하는 '파트너'로 인식하는 인식의 전환이 우선적으로 필요하다. 일본 교회가 걸어온 역사와 신앙의 깊이, 성실함에 대한 존중이 전제되지 않는다면, 그 어떤 열심과 열정도 오히려 역효과를 낳을 수 있다.

한국 선교사들의 열정과 열심에 못지않은 일본 목회자들도 많다. 단지 우리가 잘 알지 못할 뿐이다. 종종 한국의 선교사와 그리스도인들 사이에서 "일본 교회는 이렇다", "일본인 성도는 저렇다"라는 식의 일반화된 말을 들을 때마다 마음이 무거워진다. 한국도 그렇듯이 각 지역과 교회, 개인에 따라 특징은 천차만별이지 않은가. 따라서 한국과 일본의 문제들을 일반적 경향으로 이해하면서 서로의 차이점을 알아가야, 미묘한 오해와 갈등을 피하고 유연한 대처와 관계를 가질 수 있으리라 생각한다.

한국은 '흐름의 문화', 일본은 '축적의 문화'의 경향이 있다고 생각한다. 한국 교회에서는 새로운 목회자가 부임하면 교회 전체의 방침이나 사역이 바뀌는 경향이 있는 듯하다. 새로운 리더십에 대한 기대감을 가지고서 새로운 변화를 받아들이는 문화가 그 배경에 있다고 볼 수 있다. 반면 일본 교회에서는 새로운 목회자가 부임해도 기존의 목회 노선을 유지하면서, 그것을 바탕으로 단계적인 변화를 더해 가는 경향이 있다. 과감한 개혁보다는 성도들과의 신뢰 관계를 쌓아 가면서 목회의 안정성과 연속성을 유지하려는 것이다.

그리고 한국 사회는 '압축·확대형'이라고 할 수 있는 성장 모델을 가지고 있어서 수도권을 중심으로 경제가 집중되어 있다. 큰 규모의 교회가 많고 다이내믹한 사역도 많다. 반면 일본 사회는 '축소 지향'의 경향이 있으며, 각 지방에 중소기업이 많고 한국보다 지역 경제가 분산되어 있어, 지역 분산형 경제 구조 속에서 소규모 교회가 지역에 밀착한 사역에 집중하려는 경향이 있다. 따라서 한국과 일본은 경제사회의 구조 속에서 교회 사역의 접근 방식에 차이가 있음을 엿볼 수 있다.

또한 초기 한일 개신교 역사 속에서 해외 선교사들의 선교 대상에도 차이가 있었다. 일본에서는 우치무라 간조(内村鑑三), 니이지마 조(新島襄), 우에무라 마사히사(植村正久), 혼다 요이쓰(本多庸一) 등 엘리트층을 중심으로 전도가 진행된 반면, 한국에서는 민중을 대상으로 한 복음 선교에 힘을 쏟았다. 사경회를 통해 성도들이 스스로 교회를 섬기면서 전도하고, 다른 성도들을 양육했다. 그래서 한국 그리스도인들은 '교회 개척', '제자 훈련', '교회 성장'에 대한 강한 의식이 자리 잡게 되었다.

이처럼 한국 그리스도인들은 '열(熱)과 동(動)', 일본 그리스도인들은 '정(靜)과 심(深)'의 경향이 있다고 말할 수 있다. 그렇기에 두 나라가 서로 단순한 우열의 문제가 아니라, 상호 보완과 협력의 시선으로 바라보아야 하지 않겠는가. 일본 교회의 현실은 수많은 무목 교회와 심각한 고령화로 인해 잘려 나간 그루터기와 같다. 그 주위에는

이파리 하나 남지 않은 앙상한 나뭇가지들이 흩어져 있어, 마치 희망과 소망이 사라진 듯 보인다. 하지만 그루터기의 밑동은 저 깊은 곳에 뿌리내리고 있어 생명과 소망을 이어 가고 있으며, 한쪽 귀퉁이에는 새로운 싹이 돋아나고 있다.

지금도 일본 선교의 그루터기에는 누군가의 땀과 눈물이 적셔지고 있다. 그리고 주님은 또 다른 누군가가 그 땀과 눈물을 이어 흘리기를 원하신다. 단 한 사람이라도 괜찮다. 지금 이 책을 읽고 있는 당신이 그 단 한 사람이 되어 주기를 간절히 기도한다.